帝鉴图说

●全本插图版●

〔明〕张居正 等 编著

王守青 注释

中华书局

图书在版编目(CIP)数据

帝鉴图说:全本插图版/(明)张居正等编著;王守青注释. —北京:中华书局,2021.12(2023.10 重印)
ISBN 978-7-101-15461-0

Ⅰ.帝… Ⅱ.①张…②王… Ⅲ.政治思想史-中国-古代 Ⅳ.D092.2

中国版本图书馆 CIP 数据核字(2021)第 239196 号

书　　名	帝鉴图说(全本插图版)
编 著 者	〔明〕张居正 等
注 释 者	王守青
责任编辑	熊瑞敏　张舣方
责任印制	陈丽娜
出版发行	中华书局
	(北京市丰台区太平桥西里 38 号　100073)
	http://www.zhbc.com.cn
	E-mail:zhbc@zhbc.com.cn
印　　刷	三河市中晟雅豪印务有限公司
版　　次	2021 年 12 月第 1 版
	2023 年 10 月第 2 次印刷
规　　格	开本/787×1092 毫米　1/16
	印张 26　插页 2　字数 130 千字
印　　数	10001-13000 册
国际书号	ISBN 978-7-101-15461-0
定　　价	42.00 元

前　言

　　我国自古有重视教育的传统。为贯彻自己的教育理念，历代的文人学士们编写了各种各样的蒙学读本，《帝鉴图说》就是这类图书中的一种。与其他蒙学读本不同的是，这是一本专门为帝王编写的书，是由明代的内阁首辅、大学士张居正亲自主持，为当时年仅十岁的万历皇帝编撰的一部图文书。

　　张居正（1525—1582），字叔大，号太岳，嘉靖进士。隆庆元年（1567）入阁，万历元年（1573）任内阁首辅。他执政十年，政绩卓著。万历皇帝，即明神宗朱翊钧，是明穆宗之子，1572—1620年在位。他即位时年仅十岁，由生母李太后听政，首辅张居正总揽朝政。

　　编写此书的背景，在《帝鉴图说叙》中有说明："上益向意于学。公令讲臣采摭前代君人治迹，溯唐虞以迄汉唐宋，理乱兴衰得失可为劝戒者，条其事百余，各因事绘图，系之说以备乙览，存考镜焉。"简单来说，编撰此书的目的，就是让小皇帝能以史为鉴，当一个好皇帝。

　　古代中国实行的是中央集权制，所有的权力集中在皇帝一人身上，因此皇帝个人的品行与道德修养往往决定着国家的兴衰治乱以至安危存亡。作为内阁首辅的张居正，自然深谙这一道理，故而要对刚即位的小皇帝实行必要的教育。从以往的历史中汲取经验教训，无疑是最直接有效的途径。但是我国史书浩繁，"虽儒生皓首，尚不能穷"，更不是日理万机的皇帝能看过来的，因此采择历代帝王中有代表性的事件来编撰成书。在每一事前各绘一图，后录传记原文，并在文后辅以直解，以通俗的语言对传记原文加以解释。因为万历皇帝此时年仅十岁，所以采用绘画的形式来表现内容，从而让其"触目生感"；编撰的原则，也是"但取明白易知，故不嫌于俚俗"。这些在张居正等的《进图疏》中有明确说明。书名"帝鉴"，则是取唐太宗"以古为鉴"之意。从书中的多则故事采自《资治通鉴》，也可看出这一编撰目的。

全书分为上、下两卷，上卷"圣哲芳规"，讲了历代帝王励精图治、"善可为法"的八十一个小故事；下卷"狂愚覆辙"，列举了历代帝王倒行逆施、"恶可为戒"的三十六个小故事。善恶并举，从正反两方面对小皇帝加以教诲。在篇末，编撰者还不忘加上了自己的评论："所以古今称尧舜垂衣裳而天下治，斯任贤图治之效也"（《任贤图治》篇）；"嗟乎！浚百姓之膏血以实府库，而付之于凶狡淫恶之人。贻谋如此，不亡何待？然则隋室丘墟，不独炀帝之罪，盖亦文帝之过也。夫人主欲为后世子孙长久之计，唯在示之以恭俭仁厚，而审于付托哉！"（《剪彩为花》篇）。在列举史实之后加以精辟深刻的评论，从而起到画龙点睛、发人深省的作用。

那么为何书中的善事举八十一事、恶事举三十六事呢？这是因为在中国传统文化中，"九"和"六"分别是表示阳和阴的数字。善为阳，故采"九九"之数；恶为阴，故用"六六"之数。从内容到形式，处处寄寓着扬善抑恶的教育宗旨。

万历小皇帝见此书后颇为嘉许，"敕下礼官宣付史馆"。小皇帝还将书置于座右，每次讲读都让张居正解说书中数事。史籍中多次记录了张居正为万历皇帝讲解《帝鉴图说》之事，而且君臣还对书中所载之事加以讨论发挥，使得认识的范围进一步扩大，认识的深度进一步提升。如：

万历元年（1573），小皇帝御文华殿讲读。张居正进讲《帝鉴图说》汉文帝劳军细柳事。反复解说后，张居正上奏说："古人说：天下虽安，忘战必危。如今天下承平日久，武备废弛，将官受制于文吏，不啻奴隶。夫平日既不能养其锋锐之气，临敌何以责其有折冲之勇？自今望皇上留意武备。将官忠勇可用者，须稍假权柄，使之得以展布，庶几临敌号令严整，士卒用命。今士大夫有识者皆曰：'我祖宗用刀尖上挣来的天下，今日被笔尖儿上坏了。'且文武并用，乃长久之术。

俗语说：'文官把笔安天下，武将提戈定太平。'"小皇帝说："然。"他感叹了很长时间，并问左右："刚才张先生说'文官把笔安天下，武将提戈定太平'，这两句是什么意思？"左右不能回答。小皇帝说："先生的意思，是说为治当固用文，也要用武。"左右于是称颂皇帝圣明，并且说："张先生也是文官，他却不护短，欲为朝廷保护武将，修整武备。真可谓公忠报国者矣。"小皇帝又叹赏了很长时间。

万历四年（1576），张居正进讲《帝鉴图说》。讲到唐玄宗于勤政楼设宴宠幸安禄山一事，小皇帝看到图上有"勤政楼"三字，就说："楼名甚佳，乃不于此勤理政事而佚乐宴饮，何也？"辅臣张四维对："此楼建于玄宗初年，是时方励精图治，故开元之治有三代风。至于天宝，志荒所以致播迁之祸。"张居正借机进言："人情：'靡不有初，鲜克有终。'故有始治而终乱，由圣而入狂者。古圣帝明王兢兢业业，日慎一日，盖虑克终之难也。玄宗不能常持此心，故及于乱。当时张九龄在开元中知禄山有反相，欲因事诛之，以绝祸本。玄宗不用其言。及乘舆幸蜀，乃思九龄先见，遣人至岭南祭之。"小皇帝说："即如此，亦悔无及矣。"张居正又说："无论往代，即我世宗皇帝嘉靖初年……"联系嘉靖皇帝执政前期勤民务本、后期昏庸怠政的故事进一步说明这个道理。"上嘉纳之"，小皇帝欣然接受。君臣之间谈古论今，一派蒸蒸然和谐气象。"万历中兴"局面的出现，和这一时期万历皇帝对张居正的信赖和支持有着密不可分的关系，而《帝鉴图说》无疑也成了张居正贯彻自己的教育、执政理念的重要媒介。

因为内容上的雅俗共赏和形式上的图文并茂，该书自问世以来就受到统治者和普通士人百姓的青睐，被多次翻印传抄，不仅远播云南等边远之地，还被译成法文、日文等文种。可谓"流播宇内，泽被士庶"。

"以古为镜，可以知兴替"，《帝鉴图说》不仅可以让我们了解历代帝王的得与失，也可以使我们认识先贤的教育理念和教育方式，从中获得有益的启示。本次出版，我们以中华书局馆藏的

《帝鉴图说》清代刻本为底本精心校勘后，加以新式标点并进行注释。因文中"解"的部分实际上是对原文的白话解说，所以不再加以翻译。重点注释文中的历史人物、典故、名物、地名及难理解的字词等，力求准确、详略得当，排除读者在阅读当中的障碍，加深读者的认识与理解。不当之处，祈望读者朋友批评指正。

王守青

2021年6月

目　录

下 篇 **狂愚覆辙**

圣哲芳规

任贤图治 唐尧帝

　　唐史纪[1]：尧命羲和[2]，敬授人时[3]。羲仲居嵎夷[4]，理东作[5]；羲叔居南交[6]，理南讹[7]；和仲居昧谷[8]，理西成[9]；和叔居朔方[10]，理朔易[11]。又访四岳[12]，举舜登庸[13]。

帝堯

四岳

義仲

義叔

和仲

和叔

大舜

【解】

　　唐史上记，帝尧在位，任用贤臣，与图治理。那时贤臣有羲氏兄弟二人、和氏兄弟二人。帝尧着他四个人敬授人时。使羲仲居于东方嵎夷之地，管理春时耕作的事；使羲叔居于南方交趾之地，管理夏时变化的事；使和仲居于西方昧谷之地，管理秋时收成的事；使和叔居于北方幽都之地⑭，管理冬时更易的事。又访问四岳之官，着他荐举天下贤人可用者。于是四岳举帝舜为相。那时天下贤才，都聚于朝廷之上，百官各举其职。帝尧垂拱无为，而天下自治。

　　盖天下可以一人主之，不可以一人治之。虽以帝尧之圣，后世莫及，然亦必待贤臣而后能成功。《书》曰："股肱惟人，良臣惟圣⑮。"言股肱具而后成人，良臣众而后成圣，意亦谓此。其后帝舜为天子，也跟着帝尧行事，任用九官十二牧⑯，天下太平。乃与群臣作歌以纪其盛，曰："元首明哉，股肱良哉，庶事康哉⑰。"所以古今称尧舜垂衣裳而天下治，斯任贤图治之效也。

【注释】

① 此则故事出自《尚书·尧典》。唐：朝代名。即陶唐。传说为尧所建。

② 尧：传说中远古人物。姓伊祁氏，一作"伊耆氏"，名放勋，号陶唐。曾为黄帝嫡裔高唐氏部落长，故史称唐尧。原居冀方（今河北唐县一带），继居晋阳（今山西太原），不断扩大势力，成为黄河下游强大的部落联盟首领。后又迁至平阳（今山西临汾），命羲、和掌管天文、历象，设四岳（四时之官），敬授民时。又命鲧治理水患。在确定继承人选时，广泛征求部落长意见，最后确定舜做继承人。羲和：羲氏与和氏的并称。传说尧曾命羲仲、羲叔、和仲、和叔两对兄弟分驻四方，以观天象，并制历法。

③ 敬授人时：谓将历法付予百姓，使知时令变化，不误农时。后以"敬授人时"指颁布历书。人时，谓耕获之候。

④ 嵎夷：古代指山东东部滨海地区。

⑤ 东作：谓春耕。

⑥ 南交：指交趾。古地区名，泛指五岭以南。因地处南方，故称。

⑦南讹：亦作"南为""南伪""南譌"。指夏时耕作及劝农等事。

⑧昧谷：古代传说西方日入之处。

⑨西成：谓秋天庄稼已熟，农事告成。

⑩朔方：北方。

⑪朔易：谓岁末年初，政事、生活当除旧更新，有所改易。

⑫四岳：尧臣，总管四方诸侯之事。

⑬舜：传说中远古人物。姚姓，一说妫姓，名重华。史称"虞舜""虞帝"。初为有虞氏部落长，活动中心在虞（今河南虞城北）。后威望不断提高，成为黄河中下游强大的部落联盟首领。尧死后，他继承了尧的职位，剪除四凶（鲧、共工、驩兜和三苗），命禹平水土，契掌教化，益掌山川，皋陶为大理，扩大设官分职。后于巡狩中死于苍梧之野（今湖南、广西交界处）。登庸：选拔任用。

⑭幽都：北方之地。

⑮股肱惟人，良臣惟圣：出自《尚书·说命下》。意思是具备手足的才算正常的人，具备良臣的才能成为圣君。股肱，大腿和胳膊。

⑯九官：古传舜设置的九个大臣。十二牧：传说中舜时十二州的长官。

⑰元首明哉，股肱良哉，庶事康哉：出自《尚书·皋陶谟》。意思是君王圣明啊，大臣贤能啊，诸事安宁啊。

谏鼓谤木 唐尧帝

唐史纪[①]：尧置敢谏之鼓，使天下得尽其言；立诽谤之木[②]，使天下得攻其过。

帝堯

【解】

　　唐史上记，帝尧在位，虚己受言。常恐政事有差谬，人不敢当面直言，特设一面鼓在门外，但有直言敢谏者，着他就击鼓求见，欲天下之人，皆得以尽其言也。又恐自己有过失，人在背后讥议，己不得闻，特设一片木在门外，使人将过失书写在木上，欲天下之人，皆得以攻其过也。

　　夫圣如帝尧，所行皆尽善尽美，宜无可谏可谤者，而犹惓惓以求言闻过为务③，故下情无所壅而君德日以光④。然欲法尧为治，亦不必置鼓立木，徒仿其迹，但能容受直言，不加谴责，言之当理者，时加奖赏以劝励之，则善言日闻而太平可致矣。

【注释】

①此则故事出自《吕氏春秋·不苟论·自知》："尧有欲谏之鼓，舜有诽谤之木。"

②诽谤之木：供百姓书写政治缺失的表木。诽谤，进谏之意。

③惓惓（quán）：恳切貌。

④壅：障蔽，遮盖。

孝德升闻 虞舜帝

　　虞史纪[①]：舜父瞽叟[②]，娶后妻，生象，父顽母嚚[③]，象傲。常欲杀舜，舜避逃，克谐以孝[④]，瞽叟亦允若[⑤]。帝求贤德可以逊位[⑥]，群臣举舜，帝亦闻之。于是以二女妻舜，舜以德率二女，皆执妇道。

象　蔡夫　舜母

太□

【解】

　　虞史上记，大舜的父是个瞽目人，他前妻生的儿子就是大舜。舜母故了⑦，瞽叟又娶一个后妻，生的儿子叫做象。那瞽叟愚顽不知道理，后妻嚚恶不贤，象又凶狠无状。他三个人时常商量着要杀舜，舜知道了，设法躲避，然后得免。然终不敢怨其父母，只尽自家的孝道。久之，感化得一家人都和睦。瞽叟见他这等孝顺，也相信欢喜了，所以人都称他为孝子。当时帝尧要求贤德的人可逊以帝位者，群臣都荐举他。比先，帝尧已知大舜善处父母兄弟，是个圣人，但不知他处夫妇之间何如。于是召舜去，把两个女儿都嫁与他为妻。舜又能以德化率这二女，在他父母前都尽做媳妇的道理。尧因此遂禅以帝位。

　　自古圣贤，皆以孝行为本。然父母慈爱而子孝顺，尚不为难；独舜父母不慈，而终能感化，所以当时以为难能，而万世称为大孝也。

【注释】

①此则故事出自《尚书·尧典》。虞：朝代名。帝舜有天下之号。

②瞽：目失明，眼瞎。

③嚚（yín）：暴虐，愚顽。

④克谐：能和谐。克，能够。

⑤允若：顺从。

⑥逊位：犹让位。

⑦故：去世，亡故。

揭器求言 夏禹王

夏史纪①：大禹悬钟、鼓、磬、铎、鞀以待四方之士②，曰："教寡人以道者，击鼓；谕以义者，击钟；告以事者，振铎；语以忧者，击磬；有狱讼者，摇鞀。"

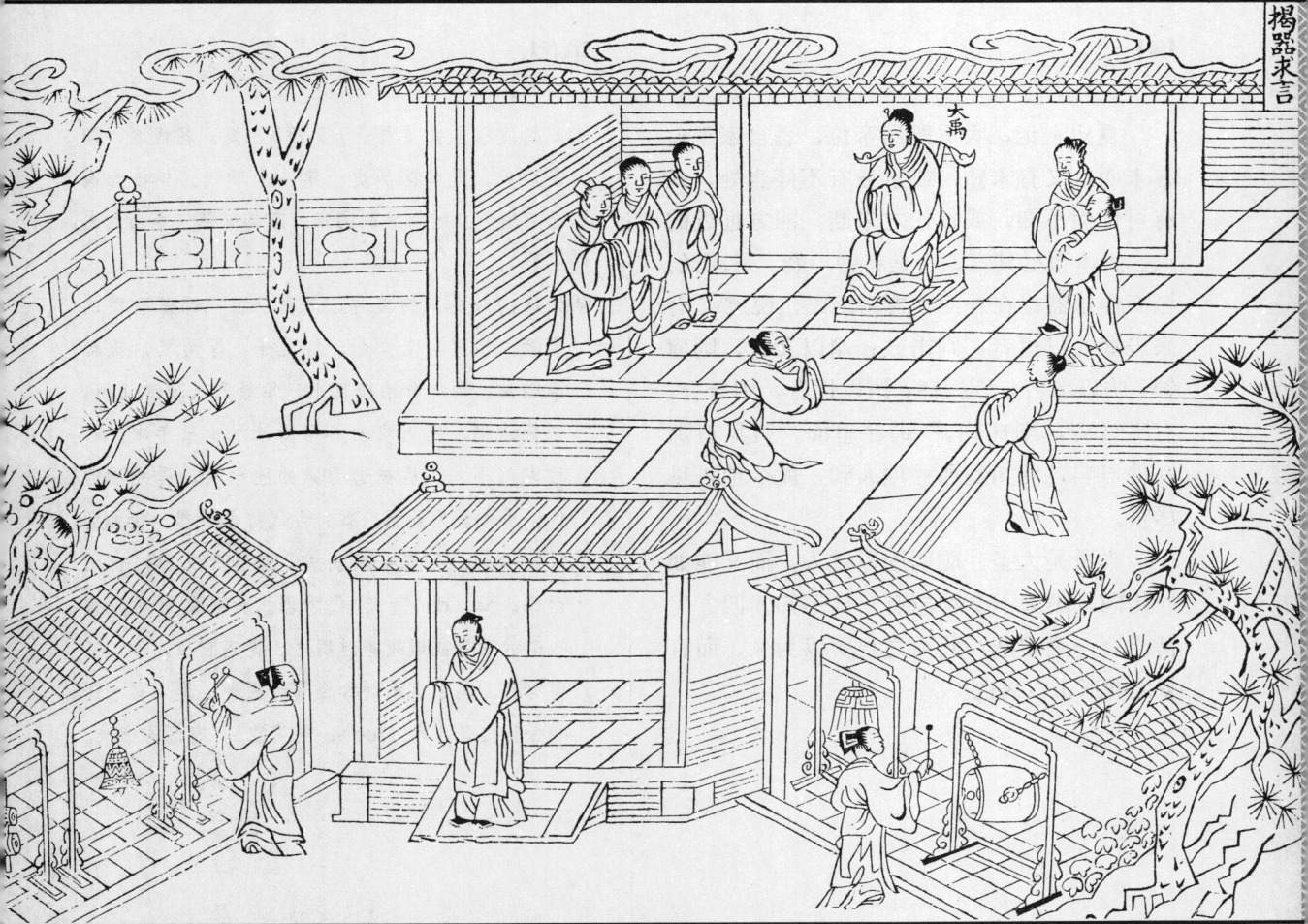

大禹

【解】

　　夏史上记，大禹既居帝位，恐自家于道有未明，义有未熟，或事务有不停当处，或有可忧而不知，或狱讼之未断，四方远近的人，无由得尽其言。于是将钟、鼓、磬、铎、鞀五样乐器挂在外面，告谕臣民，说道："有来告寡人以道者，则击鼓；谕以义者，则撞钟；告以事者，则振铎；语以忧者，则敲磬；有狱讼者，则摇鞀。"禹在里面，听见有那一件声响，便知是那一项人到，就令他进见尽言。

　　夫禹是大圣，聪明固以过人，而又能如此访问，则天下事物岂有一件不知，四方民情岂有一毫壅蔽？此禹之智所以为大，而有夏之业所由以兴也。

【注释】

①此则故事出自《鬻子·禹政》。夏：朝代名，即夏后氏。是我国历史上第一个朝代。相传为禹子启所创立的奴隶制国家。建都安邑（今山西夏县北）。

②大禹：对夏禹的美称。夏禹，古代部落联盟的领袖。姒姓，名文命，鲧之子。原为夏后氏部落领袖，奉舜命治理洪水，领导人民疏通江河，兴修沟渠，发展农业。据传治水十三年中，三过家门不入。后被选为舜的继承人，舜死后即位。后世视为圣王。磬：古代打击乐器。状如曲尺，用玉、石或金属制成。悬挂于架上，击之而鸣。铎（duó）：古代乐器。大铃的一种。宣布政教法令或遇战事时用之。青铜制品，形如钲而有舌。其舌有木制和金属制两种，故又有木铎和金铎之分。鞀（táo）：同"鼗"。有柄的小鼓。

下车泣罪 夏禹王

　　夏史纪①：大禹巡狩②，见罪人，下车问而泣之。左右曰："罪人不顺道，君王何为痛之？"王曰："尧舜之人，皆以尧舜之为心；我为君，百姓各以其心为心。是以痛之。"

【解】

　　夏史上记，大禹巡行诸侯之国，路上遇见一起犯罪的人，心中不忍，便下车来问其犯罪之由，因而伤痛垂泣。左右的人问说："这犯罪之人，所为不顺道理，正当加以刑罚，君王何故痛惜他？"禹说："我想尧舜为君之时，能以德化人，天下的人都体着尧舜的心为心，守礼安分，自不犯刑法。今我为君，不能以德化人，这百姓每各以其心为心，不顺道理，所以犯罪。是犯罪者虽是百姓，其实由我之不德有以致之③，故我所以伤痛者，不是痛那犯罪之人，盖痛我德衰于尧舜也④。"

　　大禹不以罪人为可恶，而以不德自伤如此，则所以增修其德，而期于无刑者，无所不至矣。

【注释】

①此则故事出自《说苑·君道》。

②巡狩：谓天子出行，视察邦国州郡。

③不德：不修德行，缺乏德行。

④衰：衰退，减弱。

戒酒防微 夏禹王

　　夏史纪①：禹时仪狄作酒②。禹饮而甘之③，遂疏仪狄，绝旨酒④，曰："后世必有以酒亡国者。"

大禹

儀狄

【解】

　　夏史上记，大禹之时，有一人叫做仪狄，善造酒。他将酒进上大禹，禹饮其酒，甚是甘美，遂说道："后世之人，必有放纵于酒，以致亡国者。"于是疏远仪狄，再不许他进见；屏去旨酒，绝不以之进御。

　　夫酒以供祭祀、燕飨⑤，礼所不废。但纵酒过度，则内生疾病，外废政务，乱亡之祸，势所必至。故圣人谨始虑微，预以为戒。岂知末世孙桀⑥，乃至以酒池牛饮为乐⑦，卒底灭亡⑧。呜呼！祖宗之训可不守哉！

【注释】

①此则故事出自《战国策·魏策二》。

②仪狄：传说为夏禹时善酿酒者。

③甘：以为甘美。

④旨酒：美酒。

⑤燕飨：古代帝王饮宴群臣、国宾。

⑥桀：夏朝末代国王。姒姓，名履癸，又称"夏桀"。帝发之子。即位时，值夏衰败之时，诸侯多叛之。为政暴虐，生活荒淫，百姓不堪。时商汤以伊尹为相，日益强大，同夏会战于鸣条（今河南封丘东）之野。夏败，他出奔南巢（今安徽巢湖）而死，夏朝亦随之灭亡。

⑦酒池牛饮：据《韩诗外传》卷四记载，夏桀曾造酒池，"一鼓而牛饮者三千人"。牛饮，指俯身而饮，形态如牛，故云。

⑧卒：终于，最后。底：同"厎"。引致，达到。

解网施仁 商汤王

商史纪[①]：汤出[②]，见网于野者，张其四面而祝之曰[③]："自天下四方，皆入吾网。"汤曰："嘻！尽之矣！"解其三面，而更其祝曰[④]："欲左，左；欲右，右；欲高，高；欲下，下；不用命者，乃入吾网。"汉南诸侯闻之[⑤]，曰："汤德至矣[⑥]，及禽兽。"一时归商者，三十六国。

十五

成湯

【解】

商史上记，成汤为君宽仁，尝出至野，见有人四面张着罗网打鸟雀，口里祷祝说："从天上坠下的，从东西南北四方飞来的，都要落在我网里。"汤闻之不忍，叹息说："这等，是那鸟雀一个也逃不出去了，何伤害物命不仁如此！"于是使从人将那网解去三面，止存一面。又从新替他祷祝，说道："鸟之欲左者左，欲右者右，欲高者高，欲下者下，任从你飞翔；只是舍命要死的，乃落吾网中。"夫汤之不忍于害物如此，其不忍于害民可知。所以当时汉江之南，列国诸侯，闻汤这一事，都称说："汤之仁德，可谓至矣。虽禽兽之微，亦且及之，而况于人乎？"于是三十六国，一时归商。

盖即其爱物而知其能仁民⑦，故归之者众也。

【注释】

①此则故事出自《史记·殷本纪》。商：朝代名。公元前16世纪商汤灭夏所建，都亳。中经几次迁都，盘庚时迁殷（今河南安阳小屯），因亦称殷。传至纣，为周武王所灭。共传十七代、三十一王。约当公元前16世纪至前11世纪。

②汤：商朝建立者。即商王汤。子姓，名履。初为商部族首领，与有莘氏通婚，得媵臣伊尹为辅佐，使商方国日趋强大。后于鸣条之野击败夏军，夏王朝瓦解，建立起商王朝。史称其十一战而有天下，相传《尚书·汤誓》即其征伐夏桀的动员令。

③张：设网捕捉。祝：祝祷。

④更（gēng）：改变。

⑤汉南：汉水之南。汉水，也称汉江，为长江最长的支流。发源于今陕西省宁强县，流经湖北省，在武汉市入长江。

⑥至：达到极点。

⑦盖：连词。承接上文，表示原因或理由。即：按照，依据。

桑林祷雨 商汤王

　　商史纪①：成汤时，岁久大旱。太史占之②，曰："当以人祷。"汤曰："吾所为请雨者，人也。若必以人，吾请自当。"遂斋戒、剪发、断爪③，素车白马④，身婴白茅⑤，以为牺牲⑥，祷于桑林之野⑦。以六事自责曰："政不节与⑧？民失职与？宫室崇与？女谒盛与⑨？包苴行与⑩？谗夫昌与⑪？"言未已，大雨方数千里。

桑林祷雨

成湯

【解】

　　商史上记，成汤之时，岁久不雨，天下大旱。灵台官太史占候，说："这旱灾，须是杀个人祈祷，乃得雨。"成汤说："我所以求雨者，正是要救济生人，又岂忍杀人以为祷乎？若必用人祷，宁可我自当之。"遂斋戒身心，剪断爪发，素车白马，减损服御，身上披着白茅草，就如祭祀的牺牲模样，乃出祷于桑林之野。以六件事自责，说道："变不虚生⑫，必有感召。今天降灾异以儆戒我，或者是我政令之出不能中节欤⑬？或使民无道，失其职业欤？或所居的宫室，过于崇高欤？或宫闱的妇女，过于繁盛欤？或包苴之贿赂，得行其营求欤？或造言生事的谗人，昌炽而害政欤⑭？有一于此，则宁可降灾于我之一身，不可使百姓每受厄⑮。"汤当时为此言，一念至诚，感动上天，说犹未了，大雨即降，方数千里之广。

　　盖人有善念，天必从之，况人君为天之子，一言一动，上帝降临，转灾为祥，乃理之必然也。

【注释】

①此则故事出自《太平御览》八十三引《帝王世纪》。

②太史：官名。西周、春秋时太史掌记载史事、编写史书、起草文书，兼管国家典籍和天文历法等。占：原指用龟甲、蓍草占卜，预测吉凶。后泛指用各种方式占卜吉凶。

③断爪：剪指甲或趾甲。爪，人的指甲。

④素车：古代凶、丧事所用之车，以白土涂刷。

⑤婴：系，穿戴。白茅：植物名。古代常用以包裹祭品。

⑥牺牲：泛指祭祀用的牲畜。

⑦桑林之野：桑林这个地方的郊外。野，郊外。

⑧节：法度，法则。

⑨女谒：指女宠。盛：众多。

⑩包苴：苞苴。借指贿赂或馈赠。行：盛行，通行。

⑪谗夫：谗人。昌：通"猖"。肆意妄为。

⑫变不虚生：灾异不会凭空出现。

⑬中节：合乎礼义法度。

⑭昌炽：犹猖獗，猖狂。

⑮百姓每：即百姓们。每，词缀。用同"们"。表示复数。受厄：受苦。厄，灾难，困苦。

德灭祥桑　商中宗

　　商史纪[1]：大戊时[2]，有祥桑与穀合生于朝[3]，一暮大拱[4]。大戊惧。伊陟曰[5]："妖不胜德[6]，君之政，其有阙欤[7]？"大戊于是修先王之政，明养老之礼[8]，早朝晏退[9]，问疾吊丧。三日而祥桑枯死，三年远方重译而至者七十六国[10]。商道复兴。

太學

商中宗

商中宗

【解】

　　商史上记，中宗大戊之时，有妖祥之桑树与榖树，二物合生于朝中，一夜之间，就长得大如合抱。中宗见其怪异，心中恐惧，以问其臣伊陟。伊陟说道："这桑榖本在野之物，不宜生于朝。今合生于朝，又一夜即大如拱，诚为妖异。然妖不胜德，今朝中生这妖物，君之政事或有阙失与？君但当修德以胜之，则妖自息矣。"中宗于是听伊陟之言，修祖宗的政事，明养老的礼节，早朝勤政，日晏才退，百姓每有疾苦问之，有丧者吊之。大戊有这等德政，果然妖物不能胜。三日之间，那桑与榖自然枯死；三年之后，远方外国的人，慕其德义，经过几重通事译语来朝他的，有七十六国。商道前此中衰，至此而复兴焉。

　　夫妖不自作，必有所召。然德本当修，亦岂待妖？观大戊之祥桑自枯，益信妖不足以胜德，而为人君者，不可一日不修德也。

【注释】

①此则故事出自《史记·殷本纪》。

②大戊：商朝第十代王。子姓。亦作太戊，名密。太庚之子，帝雍己之弟。即位时，殷已衰，乃任用伊陟、巫咸等贤相，九夷来宾，殷室复兴。在位七十五年，号中宗。

③祥桑：妖桑，不吉祥之桑。

④一暮：一个晚上。暮，夜。大拱：形容粗大。拱，两手合围。

⑤伊陟：商朝大臣。帝太戊时为相，曾谏"妖不胜德"，劝太戊修德不信妖孽。与臣扈共称贤臣。

⑥妖不胜德：即邪不压正。

⑦阙：缺误，疏失。

⑧养老之礼：古代对年高德劭的老者按时饷以酒食而敬礼之的礼节。

⑨晏退：晚退。晏，晚，迟。

⑩重（chóng）译：辗转翻译。

梦赉良弼 商高宗

　　商史纪[①]：高宗恭默思道[②]，梦帝赉良弼[③]，乃以形旁求于天下。说筑傅岩之野[④]，惟肖，爰立作相[⑤]。命之曰："朝夕纳诲[⑥]，以辅台德[⑦]。启乃心，沃朕心[⑧]。"说总百官[⑨]，佐成商家中兴之业。

【解】

　　商史上记，商高宗初即帝位，在谅阴之时⑩，恭默不言，想那治天下的道理。于是至诚感动天地，一日梦见上帝赐他一个忠臣辅佐他，醒来就把梦中所见的人，使人画影图形，遍地里去访求。至于傅岩之野，见一个人叫做傅说，在那里筑墙，却与画上的人一般模样。召来与他讲论治道，果然是个贤人，于是就用他做宰相，命他说："你朝夕在我左右，进纳善言，以辅我之德。当开露你的心，不可隐讳；灌溉我的心，使有生发。"傅说既承高宗之命，统领百官，劝高宗从谏、好学、法祖、宪天⑪。高宗能用其言，遂为商家中兴之主。详见《尚书·说命》三篇。

【注释】

①此则故事出自《尚书·说命上》。

②高宗（？—约前1266）：商朝第二十三代国王。子姓，又称"帝武丁"（商代君主生前称"王"，死后称"帝"），庙号高宗。即位后，选拔奴隶傅说执政，重用甘盘，勤于治理，使殷复兴。恭默：庄敬而沉静寡言。

③赉：赏赐，赐予。良弼：犹良佐。

④说（yuè）：商朝武丁时相。相传他原是在傅岩筑墙的奴隶，武丁即位后，渴望得贤人辅佐，被选拔为相，遂以傅为姓，号傅说。在其辅佐下，武丁修德行政，天下大治，将商朝推向全盛时期。傅岩：亦称"傅险"。古地名，在今山西平陆东。

⑤爰立：指拜相。

⑥纳诲：进献善言。

⑦台德：我之德。台，我。

⑧沃：启沃，竭诚忠告。朕：我。

⑨总：统领，统率。

⑩谅阴：借指居丧。多用于皇帝。

⑪宪天：效法天。宪，效法。

泽及枯骨 周文王

　　周史纪[①]：文王尝行于野[②]，见枯骨，命吏瘗之[③]。吏曰："此无主矣。"
王曰："有天下者，天下之主；有一国者，一国之主。吾固其主矣。"葬之。
天下闻之，曰："西伯之泽，及于枯骨，况于人乎？"

三十五

周文王

【解】

　　周史上记，文王初为西伯时，一日出行于郊野之外，见死人的枯骨，暴露于野，因分付吏人以土瘗埋之。吏人对说："这枯骨都是年久死绝的人，已无主了。"文王说道："天子有天下，就是天下的主；诸侯有一国，就是一国的主。今此枯骨，我就是他的主了。何忍视其暴露，而不为掩藏之乎？"乃葬而掩之。时天下之人，闻文王行这等阴德④，都说道："西伯的恩泽，虽无知之枯骨，亦且沾及，况有生之人乎？"

　　夫文王发政施仁，不惟泽被于生民，而且周及于枯骨。所谓"为人君，止于仁"者⑤，此类是也，岂非有天下者之所当取法哉？

【注释】

①此则故事出自《资治通鉴外纪》卷二。

②文王：商末周初周族领袖。姬姓，名昌。商纣时为西伯，亦称伯昌。继位后敬老慈少，礼贤下士。先后得姜望、闳夭、散宜生等贤臣辅佐，改革政治，推行教化，争取民心，得诸侯拥护。晚年，他在国势日强条件下，开始东进翦商。先后兼并攻灭虞、芮、黎、邘、崇等国，拔除商的羽翼，又在崇建立丰邑（今陕西西安西南），作为都城。在位五十年（一说五十五年），奠定了武王灭商的基础。武王建立西周后，追尊他为文王。

③瘗（yì）：埋葬。

④阴德：暗中做的有德于人的事。

⑤为人君，止于仁：语出《礼记·大学》。意思是做人君的要止于仁爱。

丹书受戒 周武王

　　周史纪①：武王召师尚父而问曰②："恶有藏之约③，行之行，万世可以为子孙常者乎?"师尚父曰："在丹书④。王欲闻之，则斋矣⑤。"三日，王端冕⑥，下堂南面而立。师尚父曰："先王之道不北面。"王遂东面立，师尚父西面道书之言，曰："'敬胜怠者，昌；怠胜敬者，亡；义胜欲者，从；欲胜义者，凶。'藏之约，行之行。可以为子孙常者，此言之谓也。"王闻之而书于席、几、鉴、盥、盘、楹、杖、带、履、觞、豆、户、牖、剑、弓、矛⑦，皆为铭焉⑧。

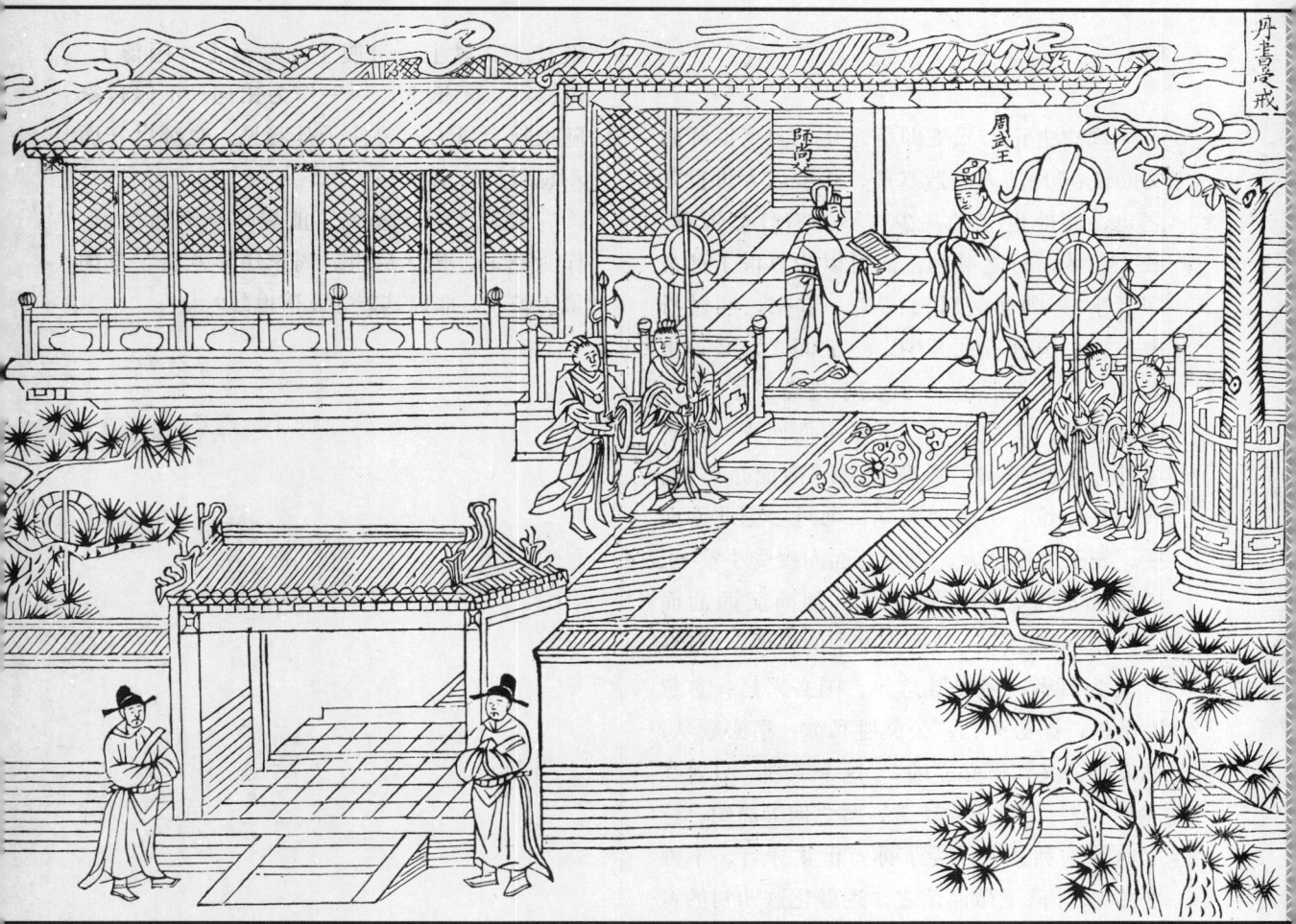

師尚父

周武王

【解】

周史上记，武王即位之初，向老臣师尚父问说：“凡前人创造基业，将使后人世世守之也，而能世守者甚少。不知有什么道理，藏之简约，行之顺利，而可以为万世子孙常守者乎？”师尚父对曰：“有一卷书，叫做丹书，这个道理皆在其中。王欲闻之，必须重其事，斋戒而后可。”武王于是斋戒了三日，端正冠冕，不敢上坐，下堂南面而立，致敬尽礼，求受丹书。师尚父说：“南面是君位，北面是臣位。王南面而立，则丹书当北面而授。先王之道至大，岂可北面而授受乎？”王遂东面而立，不敢居君位。师尚父西面而立，亦不居臣位。乃述丹书中的言语，说道：“‘凡为君者，敬畏胜怠忽，国必兴昌；怠忽胜敬畏，国必灭亡；公义胜私欲，事必顺从；私欲胜公义，事必逆凶。’这个道理，只要在‘敬’‘公’二字上做工夫，藏之何等简约，行之何等顺利。可以为子孙万世常守者，不外乎此矣。”武王敬而信之，遂融化这四句的意思，于凡那席上、几上、镜子上、洗面盆上、

殿柱上、杖上、带履上、觞豆上、门窗上、剑、弓、矛枪上，一一作为铭词，不但自家随处接目警心，要使子孙看见，也都世守而不忘焉。

夫武王是个圣君，能屈尊从老臣受戒，作为铭词，传之后世。周家历年八百，享国最为长久，非以其能守此道也哉？

【注释】

①此则故事出自《大戴礼记·武王践阼》。

②武王：周王朝的建立者。姬姓，名发。继承其父文王灭商遗志，先会盟诸侯于盟津（孟津，今河南孟州西南），誓师。继而联合西南各族渡黄河进攻商，牧野（今河南淇县南）一战取得大胜，并分路攻克中原各地，灭亡商朝。建立周朝，建都于镐（今陕西西安西南沣水东岸）。师尚父：齐太公吕望的尊称。姓姜，名尚，字子牙。其先封于吕（在今河南南阳西），故又称吕尚。相传年老时隐居渭水之阳垂钓，文王出猎相遇，与语大悦，曰："吾先君太公望子久矣。"因号为"太公望"，亦称"吕望"。载与俱归，立为太师，为文王四友之一。武王即位，尊其为师尚父，辅佐武王灭纣，建立周朝，以功封于齐营丘，为齐之始祖，故有齐太公之称，俗称姜太公。

③恶（wū）：疑问代词。相当于"何""安""怎么"。

④丹书：传说中赤雀所衔的瑞书。相传周文王姬昌为西伯时，有赤色鸟衔丹书止于其户，授以天命。后其子武王果灭商而建立周朝。

⑤斋：古人在祭祀或举行其他典礼前清心寡欲，净身洁食，以示庄敬。

⑥端冕：玄衣和大冠。古代帝王、贵族的礼服。

⑦几：古人坐时凭依或搁置物件的小桌。后专指放置小件器物的家具。鉴：镜子。盥（guàn）：古代洗手的器皿。楹：厅堂的前柱。带：用以约束衣服的狭长而扁平形状的物品。古代多用皮革、金玉、犀角或丝织物制成。履：鞋。觞（shāng）：泛指酒器。豆：古代食器。也用作装酒肉的祭器。形似高脚盘，多有盖。牖（yǒu）：窗户。

⑧铭：刻写在器物上的文辞。

感谏勤政 周宣王

　　周史纪①：姜后贤而有德②。王尝早卧而晏起③，后乃脱簪珥待罪于永巷④，使其傅母通言于王曰⑤："妾不才⑥，至使君王失礼而晏朝，敢请罪。"王曰："寡人不德⑦，实自生过，非夫人之罪也⑧。"遂勤于政事，早朝晏退，继文武之迹，成中兴之业，为周世宗。

感諫勤政

姜后

周宣王

【解】

　　周史上记，周宣王的后姜氏，贤而有德。宣王尝有时睡得太早，起得太迟，姜后恐他误了政事，要劝谏他。乃先自贬损，脱去头上的簪珥，待罪于宫中长街上，使其保母传言于王，说道："我无德，不能以礼事王，致使王耽于女色，溺于安逸，失早朝之礼。这是我的罪过，请王加我以罪。"王因此感悟说："这是我自家怠惰，有此过失，非夫人之罪也（古时称后妃都叫做夫人）。"自此以后，宣王遂勤于政事，每日早起视朝，与君臣讲求治道，至晏方退。其致治之迹⑨，足以上继他祖文王武王。虽其父厉王时⑩，势渐衰弱，至此复能中兴。因宣王有这等功业，所以周家的庙号，称他为世宗。

　　古者后妃夫人进御侍寝，皆有节度⑪。每至昧旦⑫，女史奏《鸡鸣》之诗⑬，则夫人鸣佩玉于房中⑭，起而告退。以礼自防，不淫于色，故能内销逸欲⑮，以成其君勤政之美。《鸡鸣》之诗云："虫飞薨薨，甘与子同梦。会且归矣，无庶予子憎。"言日将旦而百虫飞作，我岂不乐与子同寝而梦哉？但群臣候朝已久，君若不出，彼将散而归矣。岂不以我之故而使人并憎恶于子乎？姜后之进谏，古礼也。宣王中兴周业，盖得之内助为多。

【注释】

① 此则故事出自《资治通鉴外纪》卷三。

② 姜后：周宣王的王后。齐侯之女。

③ 王：指周宣王（？—前782）。姬姓，名静，又作"靖"。周厉王之子。公元前828—前782年在位。即位后，以周公、召公为辅佐，效法文武、成康遗风，重整军政，不籍千亩（不行耕籍田的制度，一说为废除奴隶在籍田上的集体耕种）。又命尹吉甫击退猃狁，使秦仲及其子庄公攻破西戎，对荆、楚、淮夷也曾屡获小胜。史称"宣王中兴"。

④ 簪珥（ěr）：发簪和耳饰。古代多为高贵妇女的首饰。珥，珠玉做的耳饰。也叫瑱、珰。永巷：宫中长巷。

⑤ 傅母：古时负责辅导、保育贵族子女的老年妇人。通言：互通言语。

⑥ 不才：没有才能。

⑦ 寡人：古代君主的谦称。不德：不修德行，缺乏德行。

⑧ 夫人：国君对其妻的称呼。《论语·季氏》："邦君之妻，君称之曰夫人，夫人自称曰小童。"

⑨ 致治：使国家在政治上安定清平。

⑩ 厉王（？—前828）：西周国王。姬姓，名胡。周夷王之子。前862年继位。宠信虢公和荣夷公，横征暴敛，对山林川泽实行专利；又命卫巫监谤，钳制国人言论，有敢议论者即杀，致使民众侧目，诸侯不满。大臣屡谏不听，终于激起众怒。前842年，"国人"暴动，他狼狈出逃至彘（今山西霍州）。共和十四年死于彘。

⑪ 节度：犹节制，约束。

⑫ 昧旦：天将明未明之时，破晓。

⑬《鸡鸣》：《诗经·齐风》中的一首诗。

⑭ 鸣佩玉：古代贵族在腰间佩带玉饰，行走时则互相撞击而发出声音，叫作"鸣玉"，意谓"鸣其佩玉以相礼也"。

⑮ 销：消除，消散。逸欲：谓贪图安逸，嗜欲无节。

入关约法 汉高帝

  汉史纪[1]：高祖初为沛公[2]，入关[3]，召诸县父老豪杰谓曰："父老苦秦苛法久矣，'诽谤者族[4]，偶语者弃市[5]'。吾当王关中，与父老约法三章耳：杀人者死，伤人及盗抵罪[6]。余悉除去秦苛法。"又使人与秦吏行县乡邑告谕之。秦民大喜，争持牛羊酒食献享军士[7]，惟恐沛公不为秦王。

漢高帝

【解】

　　西汉史上记，高帝初起兵伐秦，那时犹号为沛公。既破了峣关，到咸阳地方，因呼唤各县里年高的父老与那有本事的豪杰，都到面前慰劳之，说道："秦君无道，法令烦苛，你百姓每被害久矣。但凡言时政的，他就说人诽谤，加以灭族之罪；两人做一处说话的，他就说人有所谋为，加以弃市之刑。其暴虐如此。众诸侯有约：先入关破秦者，王之。我今先入关，当王关中，与你百姓每做主。今日就与父老相约，我的法度，只有三条：惟是杀了人的，才着他偿命；若打伤人及为偷盗的，只各坐以应得的罪名，不加以死。此外一切苛法，都革去不用。"又恐远处不能尽知，使人同着秦吏，遍行到各县乡邑中，将这意思都一一晓谕。那时百姓每被秦家害得苦了，一旦闻这言语，如拔之于水火之中，莫不欢喜踊跃，争持牛羊酒食，犒享沛公的军士，只恐怕沛公不做秦王。

　　此可见抚之则后[8]，汉之所以兴也；虐之则仇，秦之所以亡也。有天下者，当以宽仁为贵矣。

【注释】

①此则故事出自《史记·高祖本纪》。

②高祖：名刘邦（前256或前247—前195）。西汉王朝的建立者。公元前202—前195年在位。字季，沛县（今属江苏）人。曾任泗水亭长。秦二世元年（前209）陈胜起义，他起兵响应，称沛公，与项羽领导的起义军同为反秦主力。前206年，率军攻占咸阳，推翻秦朝统治。同年，项羽入关，大封诸侯王，他被封为汉王，占有巴蜀、汉中之地。不久，即与项羽展开长达五年的楚汉战争。前202年，项羽失败自杀，他即皇帝位，建立汉朝。

③关：峣关。古关名。故址在今陕西西安蓝田城南。关临峣山，故名。为关中平原通往南阳盆地之要隘。

④族：灭族。古代一人犯罪，刑及亲族的刑罚。

⑤弃市：弃之于市。谓处死刑。

⑥抵罪：因犯罪而受到相应的处罚。

⑦献享：奉献酒食等以示犒劳。

⑧后：君主，帝王。

任用三杰 汉高帝

汉史纪[①]：高帝置酒洛阳南宫，曰："通侯诸将[②]，试言吾所以有天下者何，项氏之所以失天下者何[③]。"高起、王陵对曰[④]："陛下使人攻城略地，因以与之，与天下同其利；项羽妒贤嫉能，战胜而不与人功，得地而不与人利，此其所以失天下也。"上曰："公知其一，未知其二。夫运筹帷幄之中，决胜千里之外，吾不如子房[⑤]；镇国家，抚百姓，给馈饷不绝[⑥]，吾不如萧何[⑦]；连百万之众，战必胜，攻必取，吾不如韩信[⑧]。三者皆人杰，吾能用之，此所以取天下者也。项羽有一范增而不能用[⑨]，此所以为我擒也。"群臣悦服。

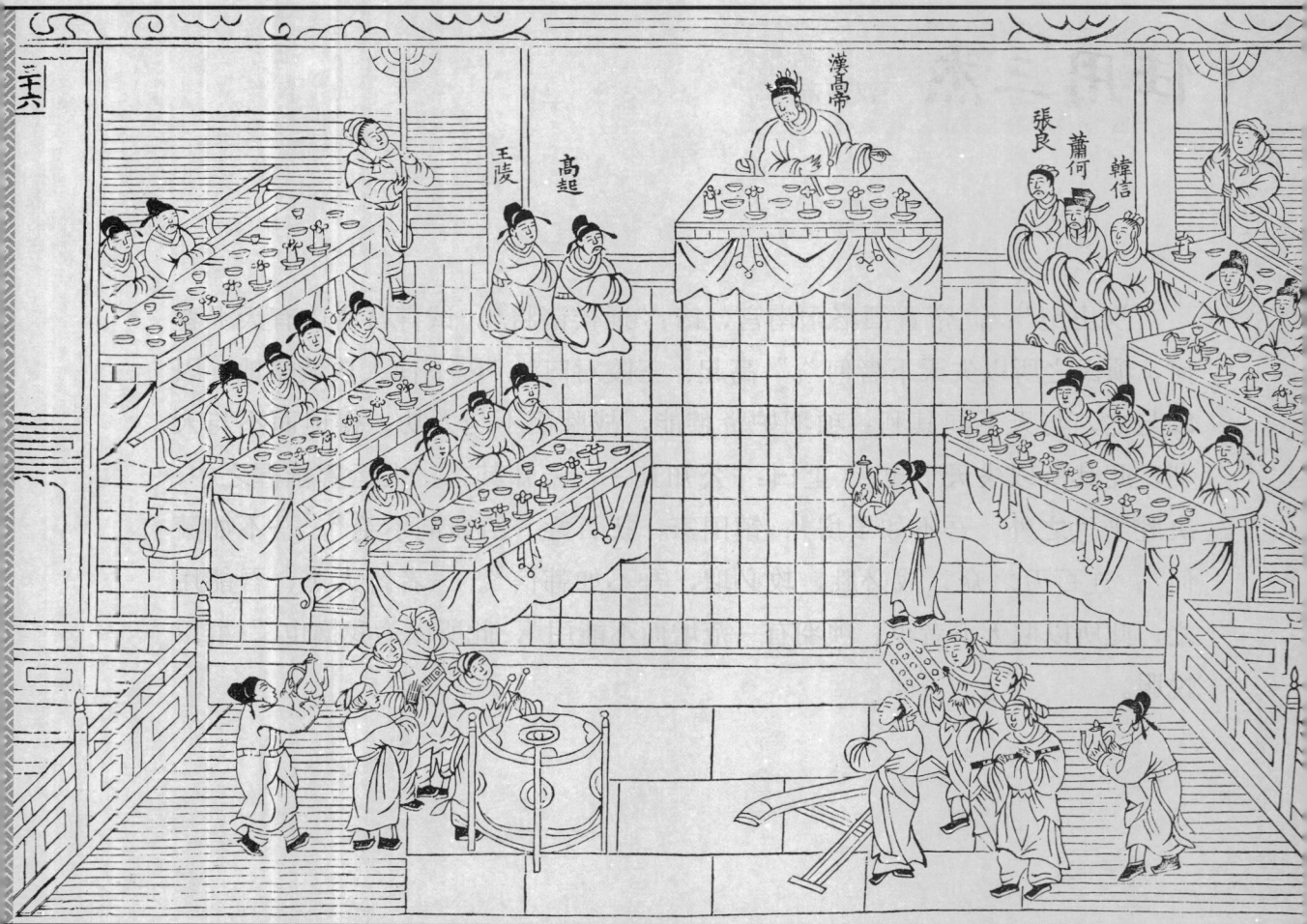

【解】

西汉史上记，高帝既定天下，置酒宴群臣于洛阳之南宫，因问群臣说："尔通侯诸将等，试说我所以得天下者何故，项羽所以失天下者何故。"高起、王陵二人齐对说："陛下使人攻打城池，略取土地，既得了，就封那有功之人，与天下同其利，因此人人尽力战争，以图功赏，此陛下之所以得天下也。项羽则不然，妒贤嫉能，虽战胜而不录人之功，虽得地而不与人同利，因此人人怨望，不肯替他出力，此项羽之所以失天下也。"高帝说："公等但知其一，未知其二。夫运筹策、定计谋于帷幄之中，而决胜于千里之外，这事我不如张子房；镇守国家，抚安百姓，供给军饷，不至乏绝，这事我不如萧何；统百万之兵，以战则必胜，以攻则必取，这事我不如韩信。张子房、萧何、韩信三人，都是人中的豪杰，我能一一信用他，得此三人之助，此所以取天下者也。项羽只有一个谋臣范增，而每事猜疑，不能信用，是无一人之助矣，此所以终被我擒获也。"群臣闻高帝之说，无不欣悦敬服。

夫用人者恒有余，自用者恒不足。汉高之在当时，若论勇猛善战，地广兵强，不及项羽远甚；而终能胜之者，但以其能用人故耳。故智者为之谋，勇者尽其力，而天下归功焉。汉高祖自谓不如其臣，所以能驾驭一时之雄杰也。

【注释】

①此则故事出自《史记·高祖本纪》。

②通侯：爵位名。即彻侯。为秦统一前所建立的二十级军功爵中的最高级。汉初因袭之，多授予有功的异姓大臣，受爵者还能以县立国。后避武帝讳，改称通侯或列侯。后用以泛指侯伯高官。

③项氏：指项羽（前232—前202）。秦末下相（今江苏宿迁西南）人，名籍，字羽。世为楚将。秦二世元年（前209），从叔父项梁在吴（今江苏苏州）起义。秦亡后，自立为西楚霸王，并大封诸侯王。楚汉战争中为刘邦击败，于乌江（今安徽和县东北）边自杀。

④高起：西汉高祖时将军。王陵（？—前181）：西汉大臣。沛（今江苏沛县）人。刘邦微贱时，得其善待。刘邦起兵后跟随刘邦转战各地。高祖六年（前201），因功封为雍侯。

⑤子房：张良（？—前185或前189）字子房。西汉初名臣。颍川城父（今河南禹州）人。先世为韩国贵族，秦末农民战争中归刘邦，为其重要谋士。楚汉战争期间，提出不立六国后代，联结英布、彭越，重用韩信等策，又主张追击

项羽，歼灭楚军，都为刘邦所采纳。汉朝建立，封留侯。

⑥馈饷：指粮饷。

⑦萧何（？—前193）：西汉初名臣。沛县（今属江苏）人。秦末佐刘邦起义。起义军入咸阳，他收取秦政府的律令图书，掌握了全国的山川险要、郡县户口和当时的社会情况。刘邦封汉王，任他为丞相。楚汉战争中，荐韩信为大将，并留守关中，输送士卒粮饷，支援作战。对刘邦战胜项羽、建立汉朝起了重要作用。

⑧韩信（？—前196）：西汉初名将。淮阴（今江苏淮安）人。初属项羽，继归刘邦，被任为大将。楚汉战争时，刘邦采其策，攻占关中。刘邦在荥阳、成皋间与项羽相持时，使他率军抄袭项羽后路，破赵取齐，占据黄河下游之地。后率军与刘邦会合，击灭项羽。

⑨范增（前277—前204）：项羽谋士。一作“范曾”。居鄛（今安徽桐城南）人。佐项羽起兵成霸业，被尊为“亚父”，封历阳侯。楚汉鸿门之宴，他劝项羽杀刘邦，项羽不听。后项羽中刘邦反间计，夺其权力，他愤怒离去，途中疽发背而死。

过鲁祀圣 汉高帝

汉史纪[①]：高帝击淮南王黥布[②]，还过鲁[③]，以太牢祀孔子[④]。

漢高帝

【解】

西汉史上记，汉高帝因淮南王黥布谋反，自领兵征之，擒了黥布，得胜回还。经过山东曲阜县，乃旧鲁国，是孔子所生的地方，有孔子的坟墓。高帝具太牢牲礼，亲拜祭之（祭祀的牛叫做太牢）。

夫孔子虽是大圣，其官不过鲁国的大夫。自孔子殁后，战国之君，皆不知尊信其道，及秦始皇又焚烧其书。高帝以天子之尊，方用兵征伐之际，就知崇儒重道，且用太牢，与社稷宗庙的祭礼一样。后世人君尊敬孔子，实自高帝始。其好尚正大如此⑤，宜其为一代创业之君也⑥。

【注释】

①此则故事出自《汉书·高帝纪》。

②黥布（？—前195）：即英布。西汉初大臣。六县（今安徽六安东北）人。曾坐法黥面，输骊山，故又称黥布。楚汉战争中归汉，封淮南王，从刘邦击灭项羽于垓下（今安徽灵璧南）。汉初，以彭越、韩信相继为刘邦所杀，因举兵反，战败逃江南，被长沙王诱杀。

③鲁：周代诸侯国名。故地在今山东兖州东南至江苏省沛县、安徽省泗县一带。

④太牢：古代祭祀，牛羊豕三牲具备谓之太牢。孔子（前551—前479）：春秋末思想家、政治家、教育家。儒家的创始人。名丘，字仲尼，鲁国陬邑（今山东曲阜东南）人。

⑤好尚：爱好和崇尚。

⑥宜：犹当然，无怪。表示事情本当如此。

却千里马 汉文帝

汉史纪①：文帝时②，有献千里马者。帝曰："鸾旗在前③，属车在后④；吉行五十里⑤，师行三十里⑥。朕乘千里马，独先安之?"下诏不受。

【解】

　　西汉史上记，文帝时，有人进一匹马，一日能行千里。文帝说道："天子行幸，有鸾旗导引于前，有属车拥护于后。或巡狩而吉行，一日不过五十里而止；或征伐而师行，一日不过三十里而止。朕骑着这千里马，独自个先往何处去？"于是下诏拒而不受，还着那进马的人牵回去了。

　　夫千里马，是良马也。文帝以为非天子所宜用，尚且不受，况其他珠玉宝贝、珍禽奇兽、不切于人主日用者⑦，又岂足以动其心乎？《书》曰："不作无益害有益，功乃成；不贵异物贱用物，民乃足⑧。"正文帝之谓也。

【注释】

①此则故事出自《汉书·贾捐之传》。

②文帝：汉文帝刘恒（前202—前157）。公元前180—前157年在位。吕后死后，周勃等平定吕氏之乱，他以代王入为皇帝。执行"与民休息"的政策，减轻田租、赋役和刑狱，使农业生产有所恢复发展。又削弱诸侯王势力，以巩固中央集权。他同景帝统治时期被并称为"文景之治"。

③鸾旗：天子仪仗中的旗子。上绣鸾鸟，故称。

④属车：帝王出行时的侍从车。秦汉以来，皇帝大驾属车八十一乘，法驾属车三十六乘，分左中右三列行进。

⑤吉行：为吉事而行。

⑥师行：为战争而行。

⑦切：契合。

⑧"不作无益害有益"几句：语出《尚书·旅獒》。

止辇受言 汉文帝

汉史纪^①：文帝每朝，郎、从官上书、疏^②，未尝不止辇受其言^③。言不可用者，置之；可用，采之，未尝不称善。

漢文帝

【解】

西汉史上记，文帝每出视朝，但有郎、从等官上书陈言者，虽正遇行路之时，亦必驻了辇，听受其言。纵使所言没道理，不可用，但置之不行而已，亦不加谴责；如其言有益于生民，有补于治道，则必亟加采择，次第行之。又每每称道其所言之善，盖不但采取之而已。

尝闻人君之德，莫贵于听言。自秦禁偶语④，天下以言为讳矣，是以底于灭亡而不悟也⑤。观文帝之虚怀听纳如此，虽大舜之明目达聪、成汤之从谏弗咈⑥，亦何让焉⑦！

【注释】

①此则故事出自《史记·袁盎晁错列传》。

②郎：官名。战国时已有，秦汉时沿置，有议郎、中郎、侍郎、郎中等，员额无定。均属于郎中令（后改为光禄勋）。其职责原为护卫陪从，随时建议、备顾问及差遣。从官：指君王的随从、近臣。

③辇：秦汉后专指帝王后妃所乘坐的车。

④偶语：相聚议论或窃窃私语。

⑤底于：至于。底，同"厎"。引致，达到。

⑥咈（fú）：违背，违逆。

⑦让：逊色，不及。

纳谏赐金 汉文帝

　　汉史纪[①]：文帝从霸陵上[②]，欲西驰下峻阪[③]。中郎将袁盎骑并（音傍）车[④]，揽辔。上曰："将军怯耶？"盎曰："臣闻圣主不乘危，不徼幸[⑤]。今陛下骋六飞驰下峻阪[⑥]，有如马惊车败，陛下纵自轻，奈高庙、太后何[⑦]？"上乃止。又从幸上林[⑧]，奏却慎夫人坐[⑨]。上说，赐盎金五十斤。

納諫賜金

漢文帝

袁盎

【解】

　　西汉史上记，文帝到霸陵上面，过西边，欲驰车下高峻的坡阪。有随驾的中郎将，姓袁名盎，骑着马傍车而行，急忙挽住了车辔，不肯驰骤。文帝说："将军莫非胆气怯耶？何乃怕惧如此？"袁盎说："臣闻明圣之主，不肯乘危险之地；凡有举动，必要万全，不图侥幸而免。知此身所系甚重也。今陛下驾六马之车，驰骋而下峻阪，就是无事，亦乘危侥免耳。倘或一时马惊车败，卒有不测之变，悔将何及？陛下纵然自轻其身，其如高祖之付托、太后之属望何？"帝听其言，停车不下。后袁盎又随文帝往上林，帝有个宠爱的慎夫人，与皇后同席而坐，袁盎以为非礼，奏使慎夫人退却。文帝喜其屡进忠言，赐他金五十斤。

　　夫人臣进谏，只要其君免于危险，无有过失，非图赏也。今文帝既听其言，又加重赏如此，盖深知其言之有益，且欲以劝他人之直言耳。从善之意，何其切哉！

【注释】

①此则故事出自《史记·袁盎晁错列传》。

②霸陵：即灞陵。汉文帝陵名。

③峻阪：亦作"峻坂"。陡坡。

④中郎将：官名。秦置，汉沿用。担任宫中护卫、侍从。属郎中令。分五官、左、右三中郎署。各署长官称中郎将，省称中郎。汉苏武、蔡邕曾任中郎将，后世均以中郎称之。袁盎（？—前148）：即爰盎。西汉楚（治今江苏徐州）人，字丝。历任齐相、吴相。他本为游侠，因被御史大夫晁错告发，降为庶人。吴楚等七国以诛晁错为名发动叛乱时，他借此向景帝建议诛杀晁错。后以事为梁孝王所怨，被刺死。並（bàng）：通"傍"。挨着。

⑤徼幸：即侥幸。徼，通"侥"。

⑥六飞：六马之车。

⑦高庙：此指汉高祖刘邦。

⑧上林：古宫苑名。秦旧苑，汉武帝时重新扩建。故址在今陕西西安西及周至一带。

⑨却：推后，后。慎夫人：西汉文帝夫人。邯郸（今河北邯郸）人。受文帝宠幸。

不用利口 汉文帝

汉史纪[①]：文帝登虎圈，问上林尉诸禽兽簿[②]，尉不能对。虎圈啬夫从旁代尉对甚悉[③]。帝诏张释之[④]，拜啬夫为上林令[⑤]。释之曰："周勃、张相如称长者[⑥]，两人言事曾不出口，岂效此啬夫喋喋利口捷给哉[⑦]？今以啬夫口辩而超迁之，恐天下随风而靡，争为口辩而无实也。"帝曰："善！"

漢帝

張釋之

童夫

上林尉

【解】

西汉史上记，文帝一日游幸上林苑，登养虎的虎圈，因问上林苑管簿籍的官说："这苑中各样的禽兽，有多少数目？"这官人一时答应不来。有个管虎圈的啬夫，在旁边替那官人一一答应，甚是详悉。文帝喜他，遂诏侍臣张释之说："这啬夫有才能，可就着他做上林苑令。"释之对说："如今朝中如周勃、张相如，这两个人是有德的长者，能任朝廷大事，然其言事皆说不出口。盖有德的人，自然器宇深沉，言语简当，岂学这啬夫喋喋然用快利之口、便捷以辩给哉？今若因啬夫口辩，就超迁他，恐天下闻此风声而靡然仿效，都只学舌辩能言，不务诚实，则风俗薄而人心漓矣⑧。"文帝以张释之所言当理，遂止不用啬夫。

观此一事，则用人者不当但取其言；而文帝从谏之善，亦于此可见矣。宜其为汉朝一代之贤君也欤⑨！

【注释】

① 此则故事出自《史记·张释之冯唐列传》。

② 尉：古代官名。秦汉以后太尉、廷尉、都尉、县尉等皆简称尉，多为武职。

③ 啬夫：古代官吏名。汉时小吏的一种。

④ 张释之：西汉南阳堵阳（今河南方城东）人，字季。文帝时任廷尉，处理案件，不顾文帝旨意，皆严格按法行事。

⑤ 上林令：官名。原为秦汉九卿之一的少府属官，汉武帝时设水衡都尉，转为水衡属官。主上林苑中禽兽，秩六百石。

⑥ 周勃（？—前169）：西汉初沛县（今属江苏）人。秦末从刘邦起义，以功为将军，封绛侯。惠帝时，任太尉。吕后死，他与陈平定计，入北军号召将士拥护刘氏，诛杀吕产、吕禄等人，迎立文帝，任右丞相。张相如（？—前165）：西汉初大臣。秦末从刘邦起兵，累有战功。有治绩，善治兵。文帝即位后，迁太子太傅。

⑦ 利口捷给：能言善辩，应对敏捷。

⑧ 漓（lí）：浇薄，浅薄。

⑨ 欤（yú）：语气词。表示感叹。

露台惜费 汉文帝

　　汉史纪①：文帝尝欲作露台，召匠计之，直百金②。上曰："百金，中人十家之产也③。吾奉先帝宫室④，常恐羞之，何以台为？"

露臺惜費
漢文帝

【解】

西汉史上记，文帝尝欲在骊山上造一露顶高台，使工匠计算所费几何。工匠计算说："该用百金。"文帝说："百金之赀财，若以民间中等的人家计之，可勾十户人家的产业⑤。今筑一个台，就破费了十家的产业，岂不可惜！且我承继着先帝的宫室，不为不广，常恐自己无德，玷辱了先帝，又岂可糜费民财，而为此无益之工作乎？"于是停止露台之工，不复兴造。

夫文帝富有四海，况当承平无事之时，财用有余。然百金之微，犹且爱惜，不肯轻费如此。虽尧舜之土阶，大禹之卑宫，何以过之哉！大抵人主爱民之心重，则自奉之念轻。夫以一台之工，遂至费百姓十家之产，若如秦皇之阿房、骊山⑥，宋徽之龙江、艮岳⑦，其所费又不知其几千万家矣。穷万民之财以供一己之欲，一旦民穷盗起，社稷丘墟，虽有台池鸟兽，岂能独乐哉？后世人主，诚当以汉文为法，毋以小小营建为费少，而遂恣意为之也。

【注释】

① 此则故事出自《史记·孝文本纪》。

② 直：抵，相当。

③ 中人：中等人家。

④ 奉：接受，接到。多用于对尊长或上级，含表敬之意。

⑤ 勾：同"够"。

⑥ 秦皇之阿房、骊山：秦皇，秦朝开国皇帝秦始皇（前259—前210）。在位期间大兴土木，发七十余万人筑阿房宫和骊山陵，在咸阳二百里内建宫观二百七十，以复道甬道相连。阿房，秦宫殿名。遗址在今陕西西安西阿房村。骊山，指骊山秦始皇墓。其址在骊山之下。

⑦ 宋徽之龙江、艮（gèn）岳：宋徽，宋徽宗赵佶（1082—1135）。1100—1125年在位。在位期间穷奢极侈，激起农民起义反抗。靖康二年（1127）被俘至金国，后死于五国城（今黑龙江依兰）。龙江，疑即景龙江。宋徽宗政和年间修。江夹岸皆奇花珍木，殿宇比比对峙。艮岳，宋徽宗时国都汴梁（今河南开封）城内东北角修筑的一座假山。金兵攻入开封时被毁。

遣倖谢相 汉文帝

汉史纪[1]：文帝以申屠嘉为丞相[2]。时邓通爱幸无比[3]，嘉尝入朝，通居上旁怠慢，嘉曰："陛下爱幸群臣即富贵之，至于朝廷之礼，不可不肃。"罢朝，嘉坐府中，为檄召通[4]，不来且斩。通恐，言上。上曰："汝第往[5]。"通诣丞相，免冠，徒跣[6]，顿首谢[7]。嘉责曰："通小臣戏殿上，大不敬，当斩。"语吏令斩之。通顿首出血，不解[8]。上使使持节召通[9]，而谢丞相，嘉乃解。通还见上，流涕曰："丞相几杀臣。"

漢文帝

鄧通

鄧通

申屠嘉

【解】

西汉史上记，文帝以申屠嘉为丞相，嘉为人正直，文帝甚重之。时有个郎官叫做邓通，得幸于文帝，宠爱无比。嘉尝入朝，见邓通在文帝旁边，狎恃恩宠⑩，有怠慢之状，嘉即奏说："陛下爱幸群臣，只好赏赐他财物，使之富贵足矣。至于朝廷上的礼仪，则不可不严肃。"及罢朝，回坐于丞相府中，写文书去提邓通，说道："他若抗拒不来，便当处斩。"邓通恐惧，求救于文帝。文帝知丞相所执者是朝廷之礼，邓通委的有罪，就着他去见丞相。通到府中，取了冠，跣足，顿首谢罪。申屠嘉责他说："朝廷乃礼法所在，你一个小臣敢狎戏于殿上，犯了大不敬，论罪当斩。"因使吏拿出斩之。通叩头谢罪，至于出血，嘉怒犹不解。文帝料邓通已在丞相处陪话知罪了，乃使人持节召通，而致谢丞相。申屠嘉乃遣之。邓通回去，到文帝面前流涕说道："丞相几乎杀了臣。"

夫文帝宠倖邓通，致敢于怠慢，其始固不能无过。然申屠嘉正言直论，而帝略不偏护⑪，即遣令就罪，使大臣得伸其法而嬖倖不敢狎恩⑫，非圣君而能若是哉？

【注释】

①此则故事出自《汉书·申屠嘉传》。

②申屠嘉（？—前155）：西汉大臣。梁（治今河南商丘南）人。初从刘邦击项羽，为弩机手，升队率、都尉。惠帝时为淮阳太守。文帝时赐爵关内侯，迁御史大夫。后元二年（前162）拜为丞相，封故安侯。为人廉直，不受私谒。景帝立，内史晁错深得信任，他身为丞相而所言不用，因以晁错擅自洞穿宗庙墙垣罪请诛之。景帝不许。怒而呕血死。谥节侯。

③邓通：西汉官吏。蜀郡南安（今四川乐山）人。以佞媚著称。文帝时，初为黄头郎，后得宠幸，官至上大夫，先后赏赐数十万钱，又赐与蜀郡严道铜矿，许其自制铜钱，遍流全国，号称"邓氏钱"，成为大富翁。景帝时失宠免官，家产没收官府，最后穷困而死。爱幸：宠爱。

④为檄：发文书。檄，文体名。古官府用以征召、晓喻、声讨的文书。

⑤第：副词。姑且。

⑥徒跣：赤足。

⑦顿首：磕头。旧时礼节之一。以头叩地即举而不

停留。谢：道歉，认错。

⑧解：免除，解除，消除。

⑨节：符节。古代使臣所持以作凭证。

⑩狎：戏谑，狎玩。

⑪略：副词。皆，全。偏护：偏私袒护。

⑫嬖倖：被宠爱的人。指姬妾、倡优、侍臣等。

屈尊劳将 汉文帝

　　汉史纪[1]：文帝时，匈奴大入边[2]。使刘礼屯霸上[3]，徐厉屯棘门[4]，周亚夫屯细柳[5]，以备胡。上自劳军细柳。先驱至，不得入。曰："天子且至。"军门都尉曰[6]："军中闻将军令，不闻天子诏。"上乃使使持节诏将军："吾欲入营劳军。"亚夫乃传言开壁门[7]。壁门士曰："将军约，军中不得驰驱。"于是天子乃按辔徐行[8]。至营，亚夫持兵揖，曰："介胄之士不拜[9]，请以军礼见。"上改容式车[10]，使人称谢，成礼而去[11]。曰："嗟乎！此真将军矣！向者霸上、棘门如儿戏耳，其将固可袭而虏也。至于亚夫，可得而犯耶！"

【解】

　　西汉史上记，文帝时，北匈奴入边为寇。帝拜刘礼、徐厉、周亚夫三人俱为将军，各领兵马出京，分布防守。刘礼屯于霸上，徐厉屯于棘门，亚夫屯于细柳。文帝亲到各营抚劳将士。初到霸上、棘门二营，车驾径入，没些阻当。末后往细柳营。导驾的前队，已到营门，被军士阻住不得入。与他说："圣驾就到，可速开营门。"那军门都尉对说："我军中只知有将军的号令，不知有天子的诏旨。"少间文帝的驾到了，还不开门。文帝乃使人持节召亚夫说："朕要进营劳军。"亚夫才传令开营门接驾。临进门时，守门军士又奏说："将军有令：军中不许驰驱走马。"文帝乃按住车辔，徐徐而行。到中军营，亚夫出迎，手执着兵器，只鞠躬作揖，说道："甲胄在身，不敢拜跪，臣请以军礼参见。"文帝听说，悚然改容，俯身式车，使人传旨致谢亚夫，说："皇帝敬劳将军。"成礼而去。文帝出营门，叹美亚夫说道："这才是个真将军！恰才见霸上、棘门二营，那样疏略⑫，如儿戏一般。万一有乘虚劫营之事，其将固可掩袭而掳也。至如亚夫这等纪律，可得而轻犯耶！"

　　尝考古者人君命将，亲推其毂⑬，授之以钺⑭，曰："阃以外⑮，将军主之，不从中制也⑯。"盖将权不重，则军令不严，士不用命。故穰苴戮齐王之嬖臣⑰，孙武斩吴王之宠姬⑱，而后能使其众以成大功。观周亚夫之纪律严明，诚为一时名将，然非文帝之圣明，重其权而优其礼，则亚夫将求免罪过之不暇，况望其能折冲而御侮哉⑲！后世人君御将，宜以文帝为法。

【注释】

①此则故事出自《汉书·周勃传附周亚夫传》。

②匈奴：我国古代北方民族之一。

③刘礼（？—前150）：西汉诸侯王。沛（今江苏沛县）人。楚元王刘交之子，嗣父爵为楚王。屯：戍守，驻扎。霸上：古地名，在今陕西西安东。为古代咸阳、长安（今陕西西安）附近军事要地。

④徐厉（？—前157）：西汉诸侯。又名悍。文帝后元六年（前158），匈奴大举入侵，奉命驻军棘（jí）门（今陕西咸阳西北）。棘门：古地名。故址在今陕西咸阳东北。

⑤周亚夫（？—前143）：西汉名将。沛县（今属江苏）人。周勃子。初封条侯。文帝时，匈奴大举入侵，他以河内守为将军，防守细柳（今陕西咸阳西南），军令严整。细柳：古地名。在今陕西咸阳西南渭河北岸。

⑥都尉：官名。战国时始置。秦灭六国，遂以其地为郡，置郡守、丞、尉。尉典兵，是比将军略低的武官。

⑦壁门：军营的门。

⑧按辔：谓扣紧马缰使马缓行或停止。

⑨介胄之士：指武士。介胄，铠甲和头盔。

⑩改容：改变仪容，动容。式车：俯身以手抚车前横木，以示敬礼。式，通"轼"。车前横木。

⑪成礼：使礼完备。

⑫疏略：疏忽，忽略。

⑬毂（gǔ）：车轮的中心部位，周围与车辐的一端相接，中有圆孔，用以插轴。借指车。

⑭钺（yuè）：古兵器。圆刃，青铜制。形似斧而较大。盛行于殷周时。又有玉石制的，多用于礼仪。

⑮阃（kǔn）：指郭门。

⑯中制：谓从中干预。

⑰穰苴戮齐王之嬖臣：穰苴，春秋时齐国将领。妫姓，田氏。齐景公时得晏婴荐，任为将军。以军法斩景公宠臣庄贾，又斩景公派遣为庄贾求赦者。

⑱孙武斩吴王之宠姬：孙武，字长卿，齐国人。春秋时兵家代表。受吴王阖闾重用，训练吴军，为申明法令，斩杀了吴王的两名宠姬。

⑲折冲：使敌人的战车后撤。即制敌取胜。冲，冲车。战车的一种。

蒲轮征贤 汉武帝

　　汉史纪[①]：武帝雅向儒术[②]，以赵绾为御史大夫、王臧为郎中令[③]。二人荐其师申公[④]。上使使者奉安车蒲轮、束帛加璧迎之[⑤]。既至，以为大中大夫[⑥]，舍鲁邸[⑦]。上问以治道，对曰："为治不在多言，顾力行何如耳[⑧]。"

申公

【解】

　　西汉史上记，武帝素喜好儒者的学术，因举用当时名儒，以赵绾为御史大夫、王臧为郎中令。赵绾、王臧又荐举他师傅申公，说他的学问更高。武帝闻说，即遣使去征聘他。又闻申公年老，恐其途中受劳，因驾一辆安车去迎接申公。又用蒲草裹了车轮，使其行路软活，坐的自在；又用币帛一束，加上玉璧，以为聘礼。申公感武帝这等尽礼，遂随聘到京。武帝授以大中大夫之职，安置在鲁王府里居住。问他治天下的道理何如，申公对说："为治也不在多言，只是着实行将去便好。"

　　盖议论多则心志惑，与其托之空言，不若见诸行事之为有益也。夫天下之治乱，系贤人之去留。是以古之明君，以屈己下贤为盛事，而亲枉万乘以尽礼于衡门韦布之贱者⑨，往往有之。汉兴以来，虽不逮古⑩，而武帝此举，犹庶几古人之意⑪。至申公力行一言，则又治天下之要道也。

【注释】

①此则故事出自《史记·儒林列传》。

②雅向：素来仰慕。雅，素，素来。向，仰慕，归向。

③赵绾（？—前139）：西汉大臣。代（今河北蔚县一带）人。曾受《诗》于申培。武帝时为御史大夫，奏请于长安南郊立明堂，以朝诸侯。遭窦太后反对，被迫自杀。御史大夫：官名。秦置。汉因之，为御史台长官，地位仅次于丞相，掌管弹劾纠察及图籍秘书。与丞相（大司徒）、太尉（大司马）合称三公。丞相缺位时，往往即由御史大夫递升。后改称大司空、司空。王臧（？—前139）：西汉时官吏。兰陵（今山东枣庄东南）人。儒者，尝事景帝为太子少傅。武帝即位，尊儒术，招贤良，他与赵绾等以文学为公卿，累迁郎中令，欲议立明堂于长安城南以朝诸侯。而窦太后治黄老言，不好儒术，使人侦得他与赵绾等奸利事，下狱，自杀。郎中令：官名。战国时始置，职掌宫廷门户。秦汉时为九卿之一，秩中二千石，总管宫殿内一切事务。又各诸侯王国亦仿中央设置此官。汉武帝太初元年（前104）更名"光禄勋"。

④申公：西汉儒生。姓申，名培。亦称"申功"。鲁（今山东曲阜）人。少时与刘郢同受学于齐人浮丘伯，治《诗》，亦通《春秋穀梁传》。文帝元年（前179），刘郢立为楚王（即楚夷王），便以他为太子刘戊师傅。刘戊不好学，对他十分厌恶。文帝六年，戊立为楚王，对他施以腐刑。从此返鲁隐居，收弟子授《诗》。弟子王臧、赵绾为朝官，武帝时上书推荐他。武帝任其为太中大夫。后王、赵受窦太后谴而下狱自杀，他亦病免归家，数年后卒。其弟子千余人，为博士者十余人，其中以孔安国、周霸、夏宽最著名。

⑤安车：古代可以坐乘的小车。古车立乘，此为坐乘，故称安车。供年老的高级官员及贵妇人乘用。高官告老还乡或征召有重望的人，往往赐乘安车。安车多用一马，礼尊者则用四马。蒲轮：指用蒲草裹轮的车子。转动时震动较小。古时常用于封禅或迎接贤士，以示礼敬。束帛加璧：束帛之上又加玉璧。表示礼物的贵重。束帛，五匹帛为一束。古代用为聘问、馈赠的礼物。

⑥大中大夫：官名。大，同"太"。即太中大夫，秦时郎中令属官。汉武帝太初元年（前104），郎中令更名光禄勋，亦有太中大夫，掌论议，顾问应对，秩比千石，为宫中最高大夫。多以名儒宿德之人充任，为天子高级参谋。

⑦鲁邸：鲁王在京的府邸。汉代诸侯各起邸第于京师，入京朝觐天子时居住。

⑧顾：发语词。力行：努力实践。

⑨万乘：本意为万辆兵车。古时一车四马为一乘。周天子能出兵车万乘，故后以"万乘"指天子、皇帝。衡门：横木为门。指简陋的房屋。韦布：韦带布衣。古指未仕者或平民的寒素服装。

⑩逮古：比不上古时。逮，及，达到。

⑪庶几：差不多，近似。

明辨诈书　汉昭帝

　　汉史纪①：昭帝时②，盖长公主、左将军上官桀与其子安及桑弘羊等③，诈令人为燕王旦上书④，言大将军霍光擅调益幕府校尉⑤，专权自恣。书奏，帝留中⑥。明旦光闻之，不入。有诏召大将军，光入，免冠，顿首。上曰："将军冠。朕知是书诈也。将军调校尉未十日，燕王何以知之？"是时帝年十四。尚书左右皆惊，而上书者果亡⑦。后桀党有谮光者，上怒曰："大将军忠臣，先帝所属以辅朕身，敢有毁者坐之⑧！"桀等乃不敢复言。

【解】

　　西汉史上记，昭帝年幼登极，大将军霍光受遗诏辅政。那时盖长公主、左将军上官桀与其子上官安及桑弘羊等，各以私恨霍光，而燕王旦以帝兄不得立为天子，亦怀怨恨。于是上官桀等欺昭帝年小，设谋要排陷霍光。教人假充做燕王的人，上本劾奏霍光，说他擅自更调幕府校尉，加添人数，专权自恣，图为不轨。昭帝览奏，留中不下。霍光闻之，待罪于外，不敢入朝。帝使人召光入，光见帝，取了冠帽，叩头伏罪。昭帝说："将军戴起冠。朕知这本是假的。将军调校尉还未满十日，燕王离京师数千里，他怎么便就得知？可见是诈。"那时昭帝年才十四岁。左右之人见帝这等明察，莫不相顾惊骇。那上书的人，果然涉虚逃走⑨。以后上官桀的党类又有谮毁霍光者，昭帝即发怒说："大将军是个忠臣，先帝因朕年幼，托他辅朕，再有言者，即坐以重罪！"自是桀等惧怕，不敢复言。而霍光辅相昭帝，竟为贤主。

　　若使上官桀等之谗得行，则霍光之祸固不待言，而汉家宗社亦危矣！於戲⑩！托孤寄命，岂易事哉？

【注释】

①此则故事出自《汉书·霍光传》。

②昭帝：汉昭帝刘弗陵（前94—前74）。武帝少子。年八岁立为太子。后元二年（前87）即帝位。因年幼，由大司马大将军霍光辅政。时燕王旦谋反，上官桀、桑弘羊等与旦勾结，谋废帝，欲更立燕王。事泄，燕王旦自杀。

③盖长公主：即鄂邑长公主。昭帝之姊，武帝妃赵倢伃所生女。因食邑于鄂（今属湖北）故名。左将军：官名。重号将军之一。汉置，位比上卿，金印紫绶，掌领兵及征伐之事，为皇帝最高级武官之一，不常设。上官桀（？—前80）：西汉大臣。字少叔。陇西上邽（今甘肃天水）人。后元二年（前87）武帝病，以他为左将军，与霍光共辅少主（昭帝）。元凤元年（前80），以谋反罪，与其子骠骑将军上官安等伏诛。族灭，国除。安：上官安（？—前80）。上官桀子。以父上官桀为将军故贵，事昭帝。始元四年（前83）为车骑将军。五年，以女为昭帝后，加封为桑乐侯。元凤元年（前80），以谋反罪被诛，国除。桑弘羊（前152—前80）：西汉政治家。洛

阳（今属河南）人。武帝时任治粟都尉，领大司农。昭帝年幼即位，他与霍光、金日磾共同辅政，任御史大夫。因被指控与上官桀等谋废昭帝拥立燕王刘旦，伏诛。

④燕王旦：刘旦（？—前80），西汉诸侯王。武帝之子。元狩六年（前117）封燕王。元凤元年（前80）以谋反罪下狱，自杀，谥剌。

⑤大将军：秦汉时正式成为官名。金印紫绶，位比三公，但实际的优宠和权力都在丞相之上。武帝时，又在大将军头衔上加上大司马官号。内秉国政，外则仗钺专征。霍光（？—前68）：西汉河东平阳（今山西临汾西南）人，字子孟。霍去病异母弟。武帝时，为奉车都尉。昭帝年幼即位，他与桑弘羊等同受武帝遗诏辅政，任大司马大将军，封博陆侯。幕府：将军的府署。校尉：官名。秦汉时高级将领之下的中级武官，地位略次于将军。

⑥留中：指将臣子上的奏章留置宫禁之中，不交办。

⑦亡：逃跑，出逃。

⑧坐：犯罪，判罪。

⑨涉虚：犹作假。

⑩於戏：犹呜呼。叹词。

褒奖守令 汉宣帝

　　汉史纪①：宣帝时②，极重守令③。尝以为太守，吏民之本④，数变易则下不安。民知其将久，不可欺罔，乃服从其教化。故二千石有治理效⑤，辄以玺书勉励⑥，增秩赐金⑦，或爵至关内侯⑧。公卿缺，则选诸所表，以次用之。是故汉世良吏于是为盛，称中兴焉。

【解】

西汉史上记，宣帝选用官员，极重那知府知县两样官⑨。尝说道："各府太守，最是亲民之官，第一要紧。若是到任不久，就迁转去，百姓便不得蒙其恩惠，且迎新送旧，徒见劳扰。必须做得年久，然后民情土俗、百姓甘苦，他都知道；施些恩惠，行些政事，也都晓得头脑。那百姓也欺哄不得，自然顺从他的教化。"所以宣帝时做守相⑩，食二千石俸的，都要久任。若是历任未久，就有功劳，也只降敕书奖励，或就彼加升官级，或赏赐金帛，或赐以关内侯的爵级，仍令照旧管事。到做的年岁深了，遇三公九卿有缺⑪，即把向前旌表的好太守不次擢用⑫，如黄霸以颍川太守入为太子太傅⑬，赵广汉以颍川太守入为京兆尹⑭。宣帝之留心守令如此，所以那时做官的，人人勉勉，好官甚多。而天下太平，中兴之美，后世鲜及焉。

夫官惟久任，则上下相安，既便于民；日久超擢，则官不淹滞⑮，亦便于官。此用人保民之善法也。后来科目太繁，额数日增；升转之期⑯，计日可俟；席不暇暖，辄已他迁。视其官如传舍⑰，视百姓如路人而已，其何以治天下哉？

【注释】

①此则故事出自《汉书·循吏传》。

②宣帝：汉宣帝刘询（前90—前49）。公元前74—前49年在位。戾太子孙。巫蛊之祸后，生长民间。昭帝死后为霍光所立。强调"霸道""王道"杂治，重视吏治，综核名实。

③守令：秦汉以下郡守、县令之连称。

④太守：官名。秦置郡守，汉景帝时改名太守，为一郡最高的行政长官。

⑤二千石：汉制，郡守俸禄为二千石，世因称郡守为"二千石"。

⑥玺书：古代以泥封加印的文书。秦以后专指皇帝的诏书。

⑦增秩：升官。秩，官职，品位。

⑧关内侯：封爵名。秦始置，汉因之。为封爵的第十九级，次于列侯。

⑨知府知县：官名。明代开始为正式官名，分别为府一级和县一级的行政长官。

⑩守相：郡守和诸侯王之相。

⑪三公：古代中央三种最高官衔的合称。西汉以丞相（大司徒）、太尉（大司马）、御史大夫（大司空）为三公。九卿：古代中央政府的九个高级官职。汉以太常、光禄勋、卫尉、太仆、廷尉、大鸿胪、宗正、司农、少府为九寺大卿（即九卿）。

⑫不次：不依寻常次序。犹言超擢，破格。

⑬黄霸（？—前51）：西汉淮阳阳夏（今河南太康）人，字次公。宣帝时，任扬州刺史，迁颖川太守，为政外宽内明。后世把他与龚遂作为封建"循吏"的代表，称为"龚黄"。颖川：郡名。治阳翟（今河南禹州）。太子太傅：官名。为太子之师傅，职掌辅导太子。汉代位次太常，秩真二千石。多以名儒通才充任。

⑭赵广汉（？—前67）：西汉涿郡蠡吾（今河北博野西南）人，字子都。少为州郡吏。宣帝时，任颖川太守，曾诛杀豪强原氏、褚氏等。迁京兆尹，执法不避权贵。京兆尹：官名。汉代管辖京兆地区的行政长官，职权相当于郡太守。后因以称京都地区的行政长官。

⑮淹滞：谓有才德者而久沦下位。

⑯升转：旧称官职的提升与调动。亦偏指提升。官阶自下而上叫升，同级平调叫转。

⑰传舍：古代供行人食宿之所。如同今日之招待所。也指邮亭传置之舍。

诏儒讲经 汉宣帝

　　汉史纪[①]：宣帝时，诏诸儒讲"五经"同异[②]，萧望之等评奏其议[③]，上亲称制临决焉[④]。乃立梁丘《易》、大小夏侯《尚书》、穀梁《春秋》博士[⑤]。

漢宣帝

蕭望之

【解】

西汉史上记，宣帝好文，见得"五经"所言，都是修身治天下的大道理。自经秦人烧毁一番，到今表章之后，虽已渐次寻出，但诸儒传授互有异同，不得归一⑥；而诸家传注，亦且各自以为是，无一定之说。因此诏诸儒臣讲究"五经"同异。如经文有不同的，便要见谁是真传、谁是错误；传注有不同的，便要见某人说的与经旨相合、某人说的与经旨相悖。又命萧望之等评论他每讲究的谁是谁非，奏闻于上，上亲称制临视，而裁决其可否。这"五经"中，定以先儒梁丘贺传授的《易经》，夏侯胜、夏侯建传授的《尚书》，穀梁淑传授的《春秋》为真当。于是将这三经各立博士之官，着他教习弟子，以广其传。其《诗》《礼》二经，盖先已有定论，故不述也。

自宣帝以来，"五经"如日中天，传之万世，为治天下者之准则，其功亦大矣。

【注释】

① 此则故事出自《汉书·宣帝纪》。

② 五经：五部儒家经典，即《诗》《书》《易》《礼》《春秋》。汉武帝建元五年（前136）置五经博士。

③ 萧望之（？—前47）：西汉东海兰陵（今属山东）人。字长倩。汉宣帝甘露三年（前51），主持石渠阁会议，评奏儒生对"五经"同异的意见。评奏：即"平奏"。谓辨析明白而后上奏。

④ 称制临决：此谓皇帝亲自裁决。

⑤ 梁丘：梁丘贺。西汉琅邪诸（今山东诸城）人，字长翁。从京房受《易》，又学《易》于田何的再传弟子田王孙。是当时今文易学"梁丘学"的开创者。宣帝时立为博士。大小夏侯：指汉今文《尚书》学者夏侯胜、夏侯建。汉初，伏生以《尚书》授济南张生及欧阳生。夏侯胜之先夏侯都尉从张生受《尚书》，后传胜；胜传从兄子建，建又事欧阳高。由是《尚书》有大小夏侯之学。穀梁：穀梁淑。穀梁赤之子。穀梁赤作《春秋穀梁传》，其子淑亦传《春秋》。

⑥ 归一：统一，一致。

葺槛旌直 汉成帝

汉史纪①：成帝时②，张禹党护王氏③。故槐里令朱云上书求见④，公卿在前，云曰："臣愿赐尚方斩马剑⑤，断佞臣一人头，以励其余。"上问："谁也？"对曰："安昌侯张禹。"上大怒曰："小臣廷辱师傅，罪死不赦。"御史将云下，云攀殿槛，槛折。云呼曰："臣得从龙逄、比干游于地下足矣⑥！未知圣朝何如耳？"左将军辛庆忌免冠叩头力救，上意解，得已。及后当治槛，上曰："勿易，因而葺之，以旌直臣。"

茸檻旌直

漢成帝

朱雲

辛慶忌

【解】

西汉史上记，成帝时，外戚王氏专权乱政。安昌侯张禹原授成帝经，成帝以师礼待之。禹为人有经学，但其性柔佞，又年老，要保全名位，因见王氏威权盛，遂党护之，其误国不忠之罪大矣。那时有原任槐里县令朱云，为人刚直，恶张禹如此，乃上书求面见天子言事。公卿都侍立在前，朱云上前直说："愿赐尚方斩马剑与臣，斩一个佞臣的头，以儆其余⑦。"成帝问："佞臣是谁？"朱云对说："是安昌侯张禹。"成帝大怒说："小臣敢当大廷中辱我师傅，其罪该死，不可赦宥。"御史遂拿朱云下殿去。朱云攀扯殿前栏干，死不肯放，御史拿急，遂将栏干扯断了。朱云乃大呼说："昔桀杀关龙逢、纣杀王子比干，臣今以直谏被戮，得从二臣游于地下，为忠义之鬼，其愿足矣。但惜圣朝为奸佞所误，不知后来变故何如耳？"朝班中有左将军辛庆忌⑧，取去冠帽叩头说："此臣素称狂直，宜赐优容。"于是成帝怒解，朱云才得免死。到后来修理栏干，成帝说："此栏干不必改换新的，只把这折处葺补，留个遗迹，使人知道是朱云所折，以旌表直言之臣。"

夫国家不幸有奸臣弄权，邪佞小人又从而阿附之，相与壅蔽人主之聪明。所赖忠义之士，发愤直言，以阴折其气而消其党。苟加之罪，则天下复莫敢忤权奸，而人主益孤立于上矣。成帝既悟朱云之直，遂宥其死，且留槛以旌之，盖亦有见于此，可谓有人君之度者。故史臣纪而称之。

【注释】

① 此则故事出自《汉书·朱云传》。

② 成帝（前52—前7）：汉成帝刘骜，字太孙。元帝子。公元前33—前7年在位。耽于酒色，宠爱歌女赵飞燕，立为皇后，飞燕妹亦为昭仪。先后以母舅王凤、王音、王商、王根及舅子王莽辅政。

③ 张禹（？—前5）：西汉河内轵（今河南济源东南）人，字子文。通经学，为博士。元帝时，授太子《论语》。成帝时任丞相，封安昌侯。

④ 槐里：古县名。治所在今陕西兴平东南。朱云：西汉平陵（今陕西咸阳西北）人，字游。少好任侠。年四十刻苦读书，精研《周易》《论语》。元帝时，为槐里令。为人狂直，多次上书抨击朝廷大臣尸位素餐，遂废锢。成帝时，又廷劾丞相张禹为佞臣。

⑤ 尚方斩马剑：尚方制作的御用剑，因极锋利，言可斩马，故名。尚方，古代制造帝王所用器物的官署。秦置，属少府。汉末分中、左、右三尚方。

⑥ 龙逢：亦作"龙逄"。即关龙逢。夏代贤人，因谏而被桀所杀，后用为忠臣之代称。比干：商朝贵族。纣王叔父，官少师。纣王淫虐无度，国势危急。他多次劝谏纣王，被剖心而死。

⑦ 儆（jǐng）：告诫，警告。

⑧ 辛庆忌（？—前11）：西汉狄道（今甘肃临洮南）人，字子真。成帝时为左将军。通晓兵事，谋虑深远，匈奴、西域敬其威信。

宾礼故人 汉光武

　　汉史纪^①：光武少与严光同学^②，及即位，思其贤，令以物色访之^③。有一男子披羊裘，钓齐泽中。帝疑其光，乃备安车玄纁^④，遣使聘之，三反而后至^⑤。车驾即日幸其馆，光卧不起，帝抚光腹曰："咄咄子陵，不可相助为理耶？"光张目熟视曰^⑥："昔唐尧著德^⑦，巢父洗耳^⑧，士故有志，何至相迫乎！"帝叹息而去。复引光入，论旧故，相对累日。因共偃卧^⑨，光以足加帝腹^⑩。明日太史奏^⑪，客星犯帝座甚急^⑫，帝笑曰："朕与故人严子陵共卧尔。"

嚴光　漢光武

【解】

东汉史上记，光武少时曾与处士严光同学读书，到后来光武即帝位，严光逃匿不肯见，光武思念他贤，使人把他的模样去各处访求。闻说有一男子披着羊裘钓鱼于齐国之泽中，光武知是严光，乃备安车及玄纁币帛，遣使者聘请之。三次往返，然后肯来。到京师，光武车驾即日亲到他下处看他。严光睡着不起，光武直到他床前，以手抚摩其腹，称他的字说："咄咄子陵，不可扶助我为治耶？"严光张目看着光武说道："古时唐尧为天子，著德于天下，隐士巢父独临水洗耳，不闻世事，尧也相容，不逼他做官。士人各有志愿，我既不愿出仕，何苦相逼迫乎？"光武知其不可屈，叹息而去。又复引严光入禁中，与他论说往年故旧之情，相对累日。因与他共睡，严光不觉以足加在光武腹上，其忘分如此[13]。明日灵台官奏说[14]，昨夜有一客星犯帝座星甚急，光武笑说："这非干变异[15]，乃朕与故人严子陵共睡耳。"

夫光武既帝天下，则严光乃草野中之一民耳，光武只为他是贤士，又是故人，遂加三聘之礼，亲屈万乘之尊，任其张目疾言而不以为傲，容其加足于腹而不以为侮，殷勤款曲[16]，不复知有崇卑之分。此其盛德含容为何如哉[17]！所以先儒说光武之量，包乎天地之外，非过美矣。后来东汉二百年人心风俗，皆以节义相高。寔光武之尊贤下士[18]，有以感发而兴起之也[19]。

【注释】

① 此则故事出自《后汉书·逸民列传》。

② 光武：汉光武帝刘秀（前6—57）。东汉王朝的建立者。公元25—57年在位。字文叔，南阳蔡阳（今湖北枣阳西南）人。西汉皇族。王莽末年农民大起义爆发，他和兄缤乘机起兵，加入绿林起义军。更始元年（23），在昆阳（今河南叶县北）率起义军大破莽军四十二万，歼灭王莽主力。建武元年（25）称帝。严光：东汉初名士。一名遵，字子陵，会稽余姚（今浙江余姚）人。少有高名，与刘秀同游学。刘秀即位后，他改名隐居。后被召至洛阳，授谏议大夫，不受，归隐于富春山。

③ 物色：形貌。

④ 玄𫄸：黑色和浅红色的布帛。后世帝王用作延聘贤士的礼品。

⑤ 反：往返。

⑥ 张目：瞪大眼睛。愤怒貌。熟视：注目细看。

⑦ 著德：以德行著名。

⑧ 巢父洗耳：巢父，古史传说中的隐士。隐居山中，不求世利，以树为巢，睡寝其上，故名巢父。尧以天下让之，不受。与许由同时。相传尧曾任许由为九州长，由恶闻其声，逃至颍水边洗耳。适巢父牵犊饮水于此，责备由不当浮游钓誉，在此洗耳，污其犊口。

⑨ 偃卧：仰卧，睡卧。

⑩ 加：施及，加以。这里指脚搁在光武帝肚子上。

⑪ 太史：官名。先秦有太史，为史官和历官之长，掌撰文修史，兼及天文历法。秦置太史令，两汉均置，或简称太史。

⑫ 帝座：星官名。名五帝座。属太微垣。有星五。五帝座一为二等，余皆五六等。在今狮子座。又天市垣、紫微垣皆有星官称帝座。

⑬ 忘分：不顾及身份。

⑭ 灵台：古时帝王观察天文星象、妖祥灾异的建筑。汉代灵台在长安（今陕西西安）西北。

⑮ 干（gān）：关涉。

⑯ 款曲：殷勤应酬。

⑰ 含容：容忍，宽恕。

⑱ 寔：同"实"。

⑲ 感发：感奋激发。

拒关赐布 汉光武

汉史纪①：光武尝出猎，车驾夜还，上东门候郅恽拒关不开②。上令从者见面于门间，恽曰："火明辽远③。"遂不受诏。上乃回，从东中门入。明日，恽上书谏曰："陛下远猎山林，夜以继昼，如社稷宗庙何?"书奏，赐恽布百匹，贬东中门候为参封尉④。

拒關賜布

漢光武

鄧禹

【解】

　　东汉史上记，光武皇帝一日曾出去打猎，偶至夜深方回。那时城门已闭，光武至上东门，有个守门官姓郅名恽，闭门不开，不放车驾进入。光武道他不认得，着左右随从的人，见面于门间，使他识认。郅恽对说："这等深夜，火光辽远，怎么辨得真伪。"终不开门。光武不得已，转从东中门进入回宫。至次日早，郅恽又上书谏说："陛下以万乘之尊，远猎山林，昼日不足，以夜继之。陛下纵自轻，其如社稷宗庙付托之重何？臣诚未见其可也。"书奏，光武深嘉其言，赐布百匹，反将中东门的门官降为参封县尉。以其启闭不严，故贬之。

　　盖皇城门禁，最宜严谨，深夜启闭，疑有非常。况天子以万乘之尊，出入尤当戒备，故郅恽之闭关不纳，他岂不认的是光武，盖欲因此以示儆耳。光武是创业之主，素谨周身之防，故于郅恽，不惟不罪，且加赏焉。若如后世寻常之见，则中东门候必以顺意蒙赏，而郅恽必以忤旨见罪矣。

【注释】

①此则故事出自《后汉书·郅恽列传》。

②门候：官名。东汉洛阳城门除北官门属卫尉，余十二门皆属城门校尉管理。每门置门候一人，掌按时开闭城门，其中有上东城门候等。军中营门亦置门候管理。郅恽：东汉初官吏。字君章，汝南西平（今河南西平西）人。为人正直敢言，迫使太守辞退贪残之吏。后称病而退，客授于江夏。郡举孝廉，为上东城门候，得光武帝赏识，令其授皇太子刘彊《韩诗》，侍讲殿中。及太子母郭皇后废，恽劝太子引愆退身，太子从之，帝亦听许。拒：据守。

③火明：火光。辽远：遥远。

④参封尉：参封县尉。参封，县名。西汉置。属琅邪郡（治今山东诸城）。

夜分讲经 汉光武

　　汉史纪[①]：光武数引公卿郎将，讲论经理，夜分乃寐。皇太子见帝勤劳不怠，乘间谏曰："陛下有禹汤之明，而失黄老养性之福[②]。愿颐养精神，优游自宁。"帝曰："我自乐此，不为疲也。"

漢光武

本字

【解】

　　东汉史上记，光武皇帝退朝之后，常常引公卿及郎将之有经学者，与之讲论经书中的义理，至于夜半，方去歇息。皇太子见帝讲论劳苦，恐过用了精神，乘空进谏说："陛下励精图治，固有大禹成汤之明，而形神过劳，昧于黄帝老子养性之福③。愿颐养爱恤此身之精神，使常优游自宁，不可过于劳役。"光武说："经书中义趣深长，我只见得这件事可乐，故常与群臣讲论，不为疲倦也。"

　　盖治天下之道，具于经书，而天下之可乐，莫如务学④。光武虽以征伐中兴，然非讲明治道，则虽有天下，未易守也。惟光武有见于此，而急于讲求，故能身致太平而遗东汉二百年之业，其得于经理之助多矣⑤。

【注释】

①此则故事出自《后汉书·光武帝纪》。

②黄老：黄帝与老子。道家以黄、老为祖，因此也谓道家为黄老。养性：养生。

③昧：暗昧，不明。

④务：从事，致力。

⑤经理：经书所阐释的道理。

赏强项令　汉光武

　　汉史纪①：光武时，董宣为雒阳令②。湖阳公主苍头杀人③，匿主家，及主出，以奴骖乘④。宣驻车叩马⑤，以刀画地，大言数主之失，叱奴下车，格杀之。主还诉帝，帝大怒，召宣，欲棰之⑥。宣叩头曰："陛下圣德中兴，而纵奴杀人，将何以治天下乎？臣不须棰，请自杀。"即以头击楹⑦。帝令人持之，使宣叩头谢主，宣不从。强使顿之⑧，宣两手据地⑨，终不肯俯。帝敕强项令出，赐钱三十万，京师莫不震栗。

賞強項令

漢光武

湖陽公主

【解】

东汉史上记，光武时，有姓董名宣者，做在京雒阳县令。帝姊湖阳公主有家人白日杀人，藏躲在公主家里，官府挐他不得⑩。一日公主出行，此奴在公主车上。董宣于路拦着公主的车，叩着马不放过去，以刀画地，大言数说公主的过失，喝奴下车，亲手击杀之。公主即时还宫，告诉光武。光武大怒，挐得董宣来要打杀他。宣叩头说："陛下圣德中兴，当以法度治天下。若纵奴杀人，不使偿命，是无法度也。家奴犯法，尚不能治，将何以治天下乎？臣不须棰杖，请自杀便了。"即以头撞柱。光武见他说得有理，令人持定他，不要他撞柱，只着他与公主叩头谢罪就饶他。宣不肯从，光武强使人将头按下。宣只两手撑定，强直了项，终不肯叩头。光武见他耿直，反因此喜他，传旨着这强项令且出，又赐钱三十万以奖励之。于是京师内外，莫不震栗，无敢倚恃豪强以犯法者。

《书》曰："世禄之家，鲜克由礼⑪。"岂其性与人殊哉？良以习见富势之为尊，不知国法之可畏。而奴仆庄佃之人，倚强使势，生事害人，亦有其主不及知者。若不因事裁抑，示以至公，使之知儆，至于骄盈纵肆，身陷刑宪⑫，则朝廷虽欲从宽，亦不可得矣。光武之嘉赏董宣，意盖以此。故终光武、明、章之世，贵戚妃主之家皆知守礼奉法，保其禄位，岂非以贻谋之善哉！

【注释】

①此则故事出自《后汉书·酷吏列传》。

②董宣：东汉官吏。字少平，陈留圉（治今河南杞县西南）人。初举高第，累迁至北海相。豪族公孙丹草菅人命，宣收杀丹父子，丹宗族三十余人持兵器诣府，又皆杀之。遂以滥杀坐廷尉狱。免死，贬为怀令。后为江夏太守，招降夏喜。以忤外戚阴氏，坐免。征为洛阳令，因格杀湖阳公主家奴，豪强震栗，京师号为"卧虎"。年七十四，卒于官，死时家贫如洗。

③湖阳公主：名刘黄。东汉光武帝长姊。南阳蔡阳（今湖北枣阳西南）人。建武二年（26），封为湖阳长公主。苍头：指奴仆。汉时仆隶以深青色巾包头，故名。

④骖（cān）乘：古代乘车居右之人。古时乘车之法，尊者居左，御者居中，随从人员居车之右，因古法尊左。故骖乘亦名"参乘""陪乘"。骖，通"参"。

⑤叩马：勒住马。叩，通"扣"。

⑥棰：杖击，鞭笞。

⑦楹：厅堂的前柱。

⑧顿：以首叩地。

⑨据：按。

⑩掔：同"拿"。捉。

⑪世禄之家，鲜克由礼：语出《尚书·康王之诰》。意思是世代做官的人家，很少有遵循礼教的。

⑫刑宪：刑罚。

临雍拜老 汉明帝

汉史纪①：明帝幸辟雍②，初行养老礼③，以李躬为三老④，桓荣为五更⑤。礼毕，引桓荣及弟子升堂，上自为辩说。诸儒执经问难于前，冠带搢绅之人圜桥门而观听者⑥，盖亿万计。

臨雍拜老

漢明帝

桓榮

太常

【解】

东汉史上记，明帝初登极时[7]，幸辟雍，行古养老之礼。辟雍即是今之国子监[8]。古来养老，有三老五更的名色。三老是年高有德的，五更是更历世事的。明帝举行古礼，以其贤臣李躬为三老，以其师傅桓荣为五更。行礼既毕，乃引桓荣等及辟雍中的生徒弟子，进入堂上，亲与他讲解经义。诸弟子亦手执经书，向帝坐前，问所疑难。其时冠带搢绅之人，罗列在辟雍桥门外观礼听讲者，有亿万多人。其崇尚教化而感动人心如此。

【注释】

①此则故事出自《资治通鉴》卷第四十四汉纪三十六。

②明帝：汉明帝刘庄（28—75）。东汉皇帝。原名阳，字子丽。光武帝子。公元57—75年在位。曾整顿吏治，禁止外戚预政，注意经营西域。又省减租徭，修治水利。统治时期，政治比较清明，民生安定。辟雍：本为西周天子所置大学。以圆如璧，四周雍以水得名。汉都城长安、洛阳皆有辟雍。汉辟雍位于今河南洛阳东郊故洛阳城东南。东汉以后，历代皆有辟雍，除宋代外，均仅为祭祀之所，为都城礼制建筑之一。

③养老礼：古礼，国中年老而贤者，及时享以酒食。一是养三老五更；二是子孙为国难而死，王养死者父祖；三是致仕之老；四是引户校年养庶人之老。

④三老：官名。春秋战国时地方官有三老。秦因之。西汉高帝初，乡始置三老一人，以民年五十以上，有德行威信能率服民众者任之。后县、郡、国均置有三老，职掌教化，终两汉之世不改。三老无俸禄，不是国家正式官吏，但地位尊崇，可免服徭役，常受赏赐，与县令丞尉分

庭抗礼，以事相教，还可直接上书皇帝言事。

⑤桓荣（？—59）：东汉初沛郡龙亢（今安徽怀远西北）人，字春卿（一字子春）。少习《欧阳尚书》，师事九江朱普。光武帝召说《尚书》，拜议郎，入使授太子（即明帝）《孝经》。明帝即位，尊以师礼，封关内侯。五更：年老致仕而经验丰富的人。"更"或作"叟"。

⑥冠带：本指帽子和腰带，借指士族、官吏。搢绅：插笏于绅带，为古代官吏的装束。常用以指代做官之人。圜（huán）：环绕。

⑦登极：即"登基"。极，顶点，最高地位。

⑧国子监：我国封建时代的教育管理机关和最高学府。隋、唐、宋、元、明、清，称国子监。晋称国子学，北齐称国子寺。清末改革学制，自光绪三十二年起设学部，国子监并入学部。

爱惜郎官 汉明帝

汉史纪[①]：明帝时，馆陶公主为子求郎[②]。帝不许，而赐钱千万，谓群臣曰："郎官上应列宿[③]，出宰百里[④]，苟非其人，民受其殃。是以难之。"

愛惜郎官

鶴室

漢明帝

【解】

东汉史上记，明帝的姊馆陶公主，在明帝上乞恩，要将他的儿子除授郎官。明帝不许，以公主的分上，不好直拒，乃赏赐他铜钱一千万，以见厚他的意思。公主退后，明帝向群臣说："天上有个郎位星，可见这郎官之职，上应列宿；出去为宰，管着百里地方。责任匪轻，岂是容易做的。必得其人，方可授之。若错用了一个不才的人，叫那百姓每都受他的害，岂我为民父母之意哉！今公主之子，贤否未知，我所以不肯容易许之也⑤。"

夫朝廷设官分职，本以为民，不是可以做人情滥与人的。明帝于馆陶公主之子，宁可以千万钱赐之以益其富，不肯轻授一职以遗害于民，诚得圣王重官爵惜名器之意⑥。史称当时吏称其官，民安其业，有由然哉！

【注释】

①此则故事出自《后汉书·显宗孝明帝纪》。

②馆陶公主：名刘红夫。东汉光武帝之女。建武十五年（39），封馆陶公主。嫁于驸马都尉韩光。郎：官名。帝王侍从官的通称。春秋时始置，秦汉因之，隶属于郎中令。《明帝纪》："郎、从官视事二十岁已上帛百匹，十岁已上二十匹，十岁已下十匹。"

③列宿：众星宿。特指二十八宿。

④宰：主宰，主管。

⑤容易：轻易。

⑥名器：官名爵号和车服器用。

君臣鱼水 汉昭烈帝

　　三国史纪[①]：诸葛亮隐于襄阳隆中[②]，有王霸大略[③]。刘先主闻其名[④]，亲驾顾之，凡三往，乃得见。亮因说先主以拒曹操[⑤]，取荆州[⑥]，据巴蜀之策[⑦]。先主深纳其言，情好日密。关羽、张飞不悦[⑧]，先主解之曰："孤之有孔明，犹鱼之有水也。愿诸君勿复言。"

諸葛亮

漢昭烈

關羽

張飛

【解】

三国史上记，诸葛亮初隐居于襄阳之隆中地方，有兴王定霸的才略，不肯出仕，人称他为卧龙。蜀先主刘备闻其名，乃亲自枉驾去见他，凡去三次，才得相见。亮以道自重，本不求仕进，见先主屈尊重道，诚意恳切如此，心怀感激，遂委质为臣⑨。因说先主以拒曹操、取荆州、据巴蜀的计策。先主以这计策甚善，深纳其言，与他相处，情好日益亲密。当时先主有两个结义的兄弟，叫做关羽、张飞，见先主一旦与亮这等亲密，心中不喜。先主劝解说："孤之有孔明（孔明是亮的字），如鱼之有水一般。鱼非水，无以遂其生；我非孔明，无以成帝业。诸君既与我同心要兴复汉室，不可不亲厚此人也。愿诸君勿再以为言。"

夫先主信任孔明，虽平日极相厚如关、张，亦离间他不得。如此，故孔明得展其才，结吴、拒魏、取蜀；当汉祚衰微之时⑩，成三分鼎立之势。其后又于白帝托孤⑪，辅佐后主。观其前后《出师》二表⑫，千古之下，读之使人垂涕。盖其心诚感激先主之恩遇，故鞠躬尽瘁而不辞也⑬。后世称君臣之间相亲相信者，必以鱼水为比，盖本诸此云。

【注释】

①此则故事出自《三国志·蜀书·诸葛亮传》。

②诸葛亮（181—234）：三国时政治家。琅邪阳都（今山东沂南南）人，字孔明。东汉末，隐居邓县隆中（今湖北襄阳西），留心世事，被称为"卧龙"。建安十二年（207），刘备三顾草庐，他向刘备提出所谓"隆中对"，从此成为刘备的主要谋士。后刘备根据其策略，联孙抗曹，取得赤壁之战的胜利，并占领荆益，建立了蜀汉政权。刘备称帝，任他为丞相。襄阳：地名。在今湖北。

③王霸：王业与霸业。

④刘先主：即蜀汉昭烈帝刘备（161—223），公元221—223年在位。涿郡涿县（今属河北）人。东汉远支皇族。字玄德。公元221年称帝，都成都，国号汉，年号章武。传见《三国志·蜀书·先主传》。

⑤曹操（155—220）：即魏武帝。三国时政治家。沛国谯县（今安徽亳县）人。字孟德，小名阿瞒。东汉末"挟天子以令诸侯"，封魏王。子曹丕称帝，追尊他为武帝。

⑥荆州：古"九州"之一。在荆山、衡山之间。汉为十三刺史部之一。辖境约相当于今湘鄂二省及豫桂黔粤的一部分。

⑦巴蜀：秦汉设巴、蜀二郡，皆在今四川省。后用为四川的别称。

⑧关羽（？—219）：三国河东解县（今山西运城）人，字云长，本字长生。东汉末从刘备起兵。张飞（？—221）：三国涿郡（治今河北涿州）人，字益德。东汉末从刘备起兵。当时与关羽同称"万人敌"。

⑨委质：向君主献礼，表示献身。引申为臣服、归附。质，留作抵押或保证的人或物。

⑩汉祚：指汉朝的皇位和国统。祚，君位，国统。

⑪白帝托孤：指刘备伐吴失败，在白帝城病危，临终将儿子托付给诸葛亮一事。白帝，白帝城。城邑名。故址在今重庆奉节东白帝山上。

⑫《出师》二表：诸葛亮所作之《出师表》和《后出师表》。

⑬鞠躬尽瘁：谓恭敬谨慎，竭尽心力。瘁，劳累。

焚裘示俭 晋武帝

晋史纪[①]：武帝时[②]，太医司马程据献雉头裘[③]，命焚之于殿前，诏中外自今毋献奇技异服。

晉武帝

【解】

晋史上记，武帝初即位时，有太医司马程据者，以雉头羽毛，织成裘袄来献。帝见其过于华丽，恐长奢靡之风，命人以火焚之于殿前，以示己之不贵异物、不尚服饰也。又诏中外，自今以后，再不许将奇异技巧之物，及华美异样的衣服来献。

盖人主之好尚，乃天下观法所系④，不可不慎也。晋武禅位之初，承魏氏奢侈之后，欲矫以节俭，故不焚于他所而焚于殿前，要令众庶共见之耳。然其意不出于至诚，故未久即变，孽后乱政⑤，五王僭侈⑥，而晋室南迁矣。孟子说："恭俭岂可以声音笑貌为哉⑦！"正此之谓也。

【注释】

① 此则故事出自《晋书·武帝纪》。

② 武帝：晋武帝司马炎（236—290）。晋朝建立者。公元266—290年在位。河内温县（今河南温县西南）人，字安世。司马昭之子。咸熙二年（266）代魏称帝。晚年荒淫，立痴呆的次子衷为太子，启贾后之祸及八王之乱。

③ 太医司马：宫廷医官名。晋朝置。铜印墨绶，地位与太医令相当。程据：西晋官吏。曾为太医司马。惠帝时，与贾后淫乱，赵王伦杀贾后时被诛。

④ 观法：观摩效法。

⑤ 孽后：指西晋惠帝皇后贾后（256—300）。名南风。平阳襄陵（今山西临汾东北）人。晋初大臣贾充女。惠帝即位，立为皇后。杀太后父杨骏等，专制天下；使帝废太子遹，明年又矫诏害遹于许昌。后被赵王伦矫诏杀死。

⑥ 五王：指西晋汝南王司马亮、楚王司马玮、赵王司马伦、齐王司马冏、长沙王司马乂。

⑦ 恭俭岂可以声音笑貌为哉：语出《孟子·离娄上》。意思是怎么能以人的言语和神态判断他是否谦恭勤俭呢？

留衲戒奢 宋高祖

　　宋史纪①：高祖微时②，尝自于新洲伐荻③。有衲布衫袄④，臧皇后手所作也⑤。既贵，以付其长女会稽公主曰⑥："后世有骄奢不节者，可以此衣示之。"

宋高祖

會稽公主

【解】

六朝宋史上记，高祖刘裕起初微贱时，其家甚贫，常亲自在新洲上砍斫芦荻。那时穿一件碎补的衲袄，乃其妻皇后臧氏亲手缝成的。及高祖登了帝位，思想平生受了许多艰苦，创下基业，恐子孙不知，不能保守，乃将这衲袄付与他的长女会稽公主收藏，嘱咐他说："后来我的子孙若有骄恣奢侈、不知节俭的，你可把这衣与他看，使他知我平素曾穿这等衣服，不得过求华美也。"

大抵创业之君，亲历艰苦，知民间衣食之难，爱惜撙节⑦，人又瞒他不得，是以取于民者有制而用常有余。后来子孙生长富贵，若非聪明特达者，易流于奢靡，轻用财帛。而人又欺瞒得他，冒破侵克⑧。取于民者日多而用反不足，至于横征暴敛，民穷盗起，危其国家。此宋高祖示戒之意也。继体之君⑨，若能取法祖宗，自服御之近，以至一应费用，必考求创业时旧规，要见当初每年进出几多，后来每年进出几多，在前为何有余，后来为何不足，把那日渐加增之费——革去，则财用自然充积，赋敛可以简省，民皆安生乐业、爱戴其上，而太平可长保矣。

【注释】

①此则故事出自《宋书·徐湛之列传》。

②高祖：即宋武帝刘裕（363—422）。南朝宋开国皇帝。字寄奴。彭城绥兴里（今江苏徐州）人。420—422年在位。

③新洲：亦作"薛家洲"。有上新洲、下新洲。故址在今江苏南京江宁北大江中。

④衲：补，缝缀。

⑤臧皇后：南朝宋武帝皇后臧爱亲（361—408）。东莞（今山东莒县）人。生会稽宣长公主兴弟。刘裕以俭正率下，她恭谨不违。及裕兴复晋室，居上相之重，她器服粗素，不为亲属请谒。

⑥会稽公主：南朝宋公主。姓刘名兴弟，武帝长女。嫁与徐逵之。文帝甚亲敬之。

⑦撙（zǔn）节：节省，节约。

⑧冒破：虚报，冒领。侵克：侵吞克扣。

⑨继体：继承大统，继承帝位。

弘文开馆　唐太宗

　　唐史纪①：太宗于弘文殿②，聚四部书二十余万卷③。置弘文馆于殿侧④，精选天下文学之士虞世南、褚亮、姚思廉、欧阳询、蔡允恭、萧德言等⑤，以本官兼学士⑥，令更日宿直⑦。听朝之隙⑧，引入内殿，讲论前言往行，商確政事，或至夜分乃罢⑨。

唐太宗

【解】

　　唐史上记，太宗于弘文殿内，聚经史子集书四部，有二十余万卷。又于殿旁开设一馆，就叫做弘文馆，精选天下文学之士虞世南、褚亮、姚思廉、欧阳询、蔡允恭、萧德言等，各以原官兼弘文馆学士，处之馆中。还教他轮番宿直，每朝罢，便引世南等到内殿，与他讲论那书中的言语，古人的行事，或商量那时的政事该何如处，常至夜半才罢。

　　夫太宗以武定天下而好文如此，盖战乱用武，致治以文。太宗有见于此，故能身致太平，而为一代之英主也。

【注释】

①此则故事出自《资治通鉴》卷第一百九十二唐纪八。

②太宗：唐太宗李世民（599—649）。李渊次子，母窦氏为鲜卑族。在位时能以亡隋为戒，任贤纳谏，重用魏徵、房玄龄等直臣良相，使吏治清明，刑罚较轻，社会安定，经济复兴，史称"贞观之治"。

③四部：中国古代图书分类名称。《隋书·经籍志》最后确定经、史、子、集四部的名称和顺序，以后各代沿用此法。

④弘文馆：官署名。掌详正图籍、教授生徒。凡朝廷制度沿革、礼仪轻重，皆参议详定。有大学士、学士、直学士等官。

⑤虞世南（558—638）：唐越州余姚（今属浙江）人，字伯施。唐时官至秘书监，封永兴县子，人称虞永兴。论议持正，贞观时颇多谏诤。能文辞，工书法，与欧阳询、褚遂良、薛稷并称唐初四大书家。褚亮（560—647）：隋末唐初学者。字希明。唐太宗开设文学馆，他入选"十八学士"。姚思廉（557—637）：唐初史学家。

字简之。贞观初，任著作郎，为太宗"十八学士"之一。唐修晋、南北朝诸史，他据家传之稿，兼采他书，与魏徵等合作，著有《梁书》五十卷，《陈书》三十卷。欧阳询（557—641）：隋末唐初官吏、书法家。潭州临湘（今湖南长沙）人，字信本。贞观初，官至太子率更令、弘文馆学士。其书法后世称为欧体。蔡允恭：唐初官吏。荆州江陵（今属湖北）人。太宗贞观初，授太子洗马。萧德言：字文行，南兰陵（今江苏常州西北）人。唐贞观中，历任著作郎、弘文馆学士，官至银青光禄大夫。

⑥学士：官名。南北朝以后，以学士为司文学撰述之官。

⑦更日：按日轮换，隔日。宿直：在皇宫中值宿。

⑧听朝：临朝听政。

⑨夜分：夜半。

上书黏壁　唐太宗

　　唐史纪[①]：太宗谓裴寂曰[②]："比多上书言事者，朕皆黏之屋壁，得出入省览，数思治道，或深夜方寝。公辈亦当恪勤职业[③]，副朕此意。"

唐太宗　裴寂

百

【解】

唐史上记，太宗一日向司空裴寂说道④："近日以来，上书奏事者条件甚多，朕将各衙门条陈的章奏，取其言之当理者，都黏在墙壁上，庶一出一入⑤，常接于目，便于朝夕省览。每思天下至大，治之甚难，如何才有利于民，如何才不病于国，思想起来，至不能寐，或到深夜时分才去安歇。此朕一念不敢怠荒之心也。公等为国大臣，分理庶政⑥，亦当夙夜罔懈，恪供职事，以副朕惓惓图治之意可也⑦。"

昔孔子说："为君难，为臣不易⑧。"古语说："尧兢兢，舜业业⑨。"夫以天下之广，兆民之众，若非为君者忧勤惕厉⑩，主治于上；为臣者竭忠尽力，分治于下，欲求治平，岂可得哉！观唐太宗告裴寂之言，即虞庭君臣交相儆戒之意也⑪，其致贞观太平之盛也，宜哉！

【注释】

① 此则故事出自《资治通鉴》卷第一百九十二唐纪八。

② 裴寂（570—632）：唐初宰相。字玄真，蒲州桑泉（今山西临猗）人。隋末任晋阳宫副监，襄赞李渊太原起兵。攻入长安后，劝李渊称帝。武德年间任尚书左仆射，后改任司空。

③ 恪勤：恭敬勤恳。恪，恭敬，恭谨。

④ 司空：官名。汉改御史大夫为大司空，与大司马、大司徒并列为三公。后去"大"字为司空，历代因之。明废。

⑤ 庶：副词。希望，但愿。

⑥ 庶政：各种政务。庶，众多。

⑦ 惓惓：诚挚恳切貌。

⑧ 为君难，为臣不易：语出《论语·子路》。

⑨ 尧兢兢，舜业业：语出《汉书·董仲舒传》。

⑩ 惕厉：戒惧奋发。

⑪ 虞庭：即"虞廷"。指虞舜的朝廷。圣朝的代称。

　　儆戒：警戒，戒备，戒惧。

纳箴赐帛　唐太宗

　　唐史纪[①]：太宗即位，张蕴古上《大宝箴》[②]，其略曰："今来古往，俯察仰观，惟辟作福，为君实难。圣人受命，拯溺亨屯[③]。归罪于己，因心于民。大明无私照，至公无私亲，故以一人治天下，不以天下奉一人。勿谓无知，居高听卑；勿谓何害，积小就大；乐不可极，乐极生哀；欲不可纵，纵欲成灾。壮九重于内[④]，所居不过容膝。彼昏不知，瑶其台而琼其室。罗八珍于前[⑤]，所食不过适口。惟狂罔念，丘其糟而池其酒。勿内荒于色，勿外荒于禽。勿贵难得货，勿听亡国音。勿谓我尊而傲贤慢士，勿谓我智而拒谏矜己。安彼反侧，如春阳秋露；巍巍荡荡，恢汉高大度。抚兹庶事，如履薄临深；战战栗栗，用周文小心。《诗》云：'不识不知[⑥]。'《书》云：'无偏无党[⑦]。'众弃而后加刑，众悦而后行赏。勿浑浑而浊[⑧]，勿皎皎而清[⑨]，勿汶汶而暗[⑩]，勿察察而明[⑪]。虽冕旒蔽目而视于无形[⑫]，虽黈纩塞耳而听于无声[⑬]。"上嘉之，赐以束帛，除大理丞[⑭]。

納筬賜帛

廙宗

張藴古

【解】

唐史上记，太宗初登极时，有一书记官张蕴古上《大宝箴》一篇。大宝是人君所居的宝位，箴是儆戒之辞。人臣不敢直说是箴规天子，故以大宝名箴。这箴中的言语，字字真切，句句有味，从之则为尧舜，反之则为桀纣。人君尊临大宝，须把这段说话常常在目，做个箴规，方可以长保此位，所以名大宝箴。太宗深以蕴古之言为善，赐他束帛，升他做大理寺丞。

观太宗纳善之速如此，其所以为唐之令主而成贞观之治者，盖得于是箴为多。

【注释】

①此则故事出自《旧唐书·文苑列传上》。

②张蕴古（？—631）：唐朝官吏。相州洹水（今河北魏县）人。敏书传，晓世务，文擅当代。大宝：皇位。箴：文体的一种。以规劝告诫为主。

③亨屯：谓解救困厄。

④九重：九层，九道。泛指多层。

⑤八珍：泛指珍馐美味。

⑥不识不知：指不知不觉，自然而然。语出《诗经·大雅·皇矣》："不识不知，顺帝之则。"

⑦无偏无党：语出《尚书·洪范》。形容处事公正，没有偏向。党，偏私。

⑧浑浑：浑浊貌，纷乱貌。

⑨皎皎：洁白貌，清白貌。

⑩汶汶：不明貌。

⑪察察：洁净貌。

⑫冕旒：古代大夫以上的礼冠。顶有延，前有旒，故曰"冕旒"。天子之冕十二旒，诸侯九，上大夫七，下大夫五。此处专指皇冠。

⑬黈纩（tǒu kuàng）：黄绵所制的小球。悬于冠冕之上，垂两耳旁，以示不欲妄听是非。

⑭大理丞：官名。即大理寺丞。分管大理寺事务。

纵鹊毁巢　唐太宗

　　唐史纪[①]：太宗时，尝有白鹊构巢于寝殿之上，合欢如腰鼓。左右称贺，上曰："我常笑隋帝好祥瑞。瑞在得贤，此何足贺！"命毁其巢，纵鹊于野外。

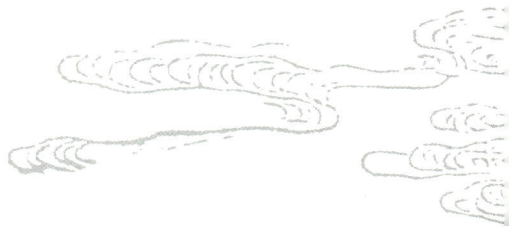

唐太宗

【解】

　　唐史上记，太宗时，尝有白鹊结窝巢于寝殿之上。其巢两个合而为一，有合欢之形；又两头大，中腰小，恰似那乐器中腰鼓的模样。左右侍臣都说道："凡物相并则不能相容。今两鹊为巢，合而为一，形状殊常^②，实为希有。此盖天地和气所钟^③，主上圣德所感，理当称贺。"太宗说："不然。昔隋帝不好贤人而好祥瑞，至于亡国，我尝笑他。以我看来，只是得贤臣，理政事，安百姓，使天下太平，这才是真正的祥瑞。至于珍禽奇兽，不过一物之异耳，何足为瑞而称贺哉！"遂令人毁其窝巢，而纵放白鹊于野外。

　　夫天地之间草木鸟兽，形质间有殊异者，皆气化偶然^④，不足为奇。人主不察，遂以为瑞。于是小人乘机献谄，取悦于上，至有以孔雀为鸾凤而诬上行私者矣^⑤。人主好尚^⑥，可不谨哉！太宗纵鹊毁巢，诚为超世之见；而瑞在得贤，尤万世人君之龟鉴也。

【注释】

①此则故事出自《旧唐书·五行志》。

②殊常：异常，不同寻常。

③钟：汇聚，集中。

④气化：指阴阳之气的变化。

⑤诬上：欺骗君上。诬，欺骗。

⑥好尚：爱好和崇尚。

敬贤怀鹞　唐太宗

　　唐史纪[①]：太宗尝得佳鹞[②]，自臂之，望见魏徵来[③]，匿怀中。徵奏事故久不已，鹞竟死怀中。

敬賢懷鷂

唐太宗

魏徵

【解】

　　唐史上记，太宗一日得个极好的鹞子，心上喜爱，亲自在臂膊上架着。魏徵平日好直言极谏，太宗尝敬惮他。当架着鹞子的时节，恰好魏徵走来奏事。太宗恐怕他看见，将鹞子藏在自己怀里。魏徵晓得太宗怀着鹞子，故意只管奏事不止。那鹞子藏的时候久了，毕竟死于怀中。

　　夫太宗尊为天子，偶有臂鹞之失④，见了正直的臣，便惭沮掩蔽如害怕的一般⑤。盖他本是个英明之主，自知所为的非礼，故深以为歉，宁坏了所爱的物而不恤也⑥。臂鹞是他差处；匿于怀中，是他明处。

【注释】

①此则故事出自《资治通鉴》卷第一百九十三唐纪九。

②鹞（yào）：猛禽名。通称雀鹰、鹞鹰。似鹰而较小。背灰褐色，腹白带赤。善捕小鸟。

③魏徵（580—643）：唐朝宰相。魏州曲城（今河北馆陶）人，字玄成。少孤，出家为道士。隋末参加瓦岗军，为李密掌书檄。李密军败，降唐。旋为窦建德所获，任起居舍人。窦建德军败，复入唐官太子洗马。太宗即位，擢为谏议大夫，贞观三年（629）任秘书监，七年（633）任侍中。敢犯颜直谏，其谏诤言论见于《贞观政要》。

④臂鹞：架鹞于臂。

⑤惭沮：羞愧沮丧。

⑥恤：顾及，顾念。

览图禁杖 唐太宗

唐史纪[①]：太宗览《明堂针灸图》"人五脏之系，咸附于背"[②]，诏自今毋得笞囚背。

唐太宗

【解】

　　唐史上记，太宗一日看《明堂针灸书》。这书是医家针灸治病的方法，内有个图形，说人腹中心、肝、脾、肺、肾五脏的系络，皆附贴于脊背。太宗观览此图，因想起来打人脊背，则五脏震动，或致伤命。遂下诏，令天下问刑衙门，自今以后不许笞杖罪囚的脊背。

　　盖五刑各有差等③，而笞罪为轻。彼罪当处死者，固自有应得之条矣。而于罪轻者复笞其背，使或至于死，诚为不可。太宗天资仁恕④，耳目所接，无一念不在生民，故一览医方，而不忍之心遂萌。此诏一出，民之免毙于杖下者不知其几矣。传称太宗以宽仁治天下，而于刑法尤谨，信哉！

【注释】

①此则故事出自《资治通鉴》卷第一百九十三唐纪九。
②《明堂针灸图》：书名。中医针灸著作。已佚。
③五刑：五种轻重不等的刑法。秦以前为墨、劓、剕（刖）、宫、大辟（杀）。秦汉时为黥、劓、斩左右趾、枭首、菹其骨肉。隋唐以后为死、流、徒、杖、笞。差等：等级，区别。
④天资：天性，本性。仁恕：仁厚宽恕。

主明臣直 唐太宗

　　唐史纪[①]，太宗尝罢朝怒曰[②]："会须杀此田舍翁[③]。"后问为谁[④]，上曰："魏徵每廷辱我。"后退，具朝服[⑤]，曰："妾闻主明臣直，今魏徵直，由陛下之明故也，妾敢不贺。"上乃悦。

【解】

　　唐史上记，太宗曾一日朝罢还宫，忽发怒说："少间定要杀了这个田舍翁（田舍翁即俗语说庄家老）⑥。"时长孙皇后问说："陛下要杀谁？"太宗说："是魏徵。此人不知忌讳，每每当着众臣僚攻击我的过失，羞辱我，我十分忍受不得，所以要杀他。"长孙皇后有贤德，知道魏徵是个忠臣，乃退去，穿了朝贺的袍服，来对太宗说："妾闻古人云：'上有明哲之君，则下有鲠直之臣。'今魏徵之直言不阿，由陛下之圣明能优容之故也。君明臣直，乃千载奇逢，国家盛事，妾敢不称贺。"太宗闻皇后之言，其心乃悦。

　　尝考自古创业守成之令主⑦，虽圣明天挺⑧，然亦有内助焉。观长孙皇后之于唐太宗，虽夏之涂山⑨，周之太姒⑩，无以过之矣。太宗外有忠臣，内有贤后，天下安得不太平？

【注释】

①此则故事出自《资治通鉴》卷第一百九十四唐纪十。

②尝：曾经。罢朝：帝王退朝或臣子朝罢退归。

③会须：定将。会，将，将要。

④后：即唐太宗皇后长孙氏。洛阳（今属河南）人，出身世家。一生俭朴，知书达礼，性情宽厚仁慈，为太宗之贤内辅。贞观十年（636）逝，葬于昭陵，年仅三十六岁。谥号为文德顺圣皇后。

⑤具：特指将衣冠穿戴整齐。朝服：古代君臣朝会时所穿礼服。举行隆重典礼时亦穿着。因尊卑贵贱、官品高低不同，朝服的质地、色彩、大小、式样各不相同，不同朝代亦各不相同。

⑥少间：一会儿，不多久。

⑦守成：保持前人的成就和业绩。令主：贤德的君主。

⑧天挺：谓天生卓越超拔。

⑨涂山：涂山氏。夏禹之妃，启母。

⑩太姒：有莘氏之女，周文王妻，武王母。旦夕勤劳，以进妇道，号曰文母。文王理外，文母治内。生有十男，教诲自少及长，未尝见邪僻之事。

纵囚归狱　唐太宗

　　唐史纪①：太宗亲录系囚②，见应死者悯之，纵使归家，期以来秋就死。仍敕天下死囚皆纵遣，至期来诣京师。至是九月，去岁所纵天下死囚凡三百九十人，无人督帅③，皆如期自诣朝堂④，无一人亡匿者。上皆赦之。

唐太宗

百四

【解】

　　唐史上记，太宗尝亲自审录罪囚，见那该死的囚犯，心里怜悯，不忍杀他，都放他回家，看父母妻子；限到明年秋间，着他自来就死。因此又敕令法司，将天下死囚也都暂放还家，亦限至明年秋里自来赴京。及至次年秋间，前时所放的罪囚共三百九十人，都感太宗不杀之恩，不要人催督帅领，个个都照依期限，齐到朝堂听候处决，没一个逃亡隐匿下的。太宗见这些囚犯依期就死，终不忍杀，尽皆赦之。

　　夫死者人之所甚惧，而犯死之人，必天下之恶人也。人君一施恩德遂能感激至此，使其死且不避，则人之易感者可知，而凡可报君之德者，必无所不用其情矣。然则人君之治天下，其必以恩德为务哉⑤！

【注释】

①此则故事出自《资治通鉴》卷第一百九十四唐纪十。

②录：省察，甄别。系囚：在押的囚犯。

③督帅：监督领导，督促率领。

④诣：到。

⑤务：事业，工作。

望陵毁观 唐太宗

　　唐史纪^①：太宗葬文德皇后于昭陵^②。上念后不已，乃于苑中作层观以望昭陵^③。尝引魏徵同登，使视之。徵熟视之^④，曰："臣昏眊^⑤，不能见。"上指示之，徵曰："臣以为陛下望献陵^⑥。若昭陵，则臣固见之矣^⑦。"上泣，为之毁观。

魏徵

唐宗

【解】

　　唐史上记，太宗贞观十年，皇后长孙氏崩，谥为文德皇后，葬于昭陵。太宗因后有贤德，思念不已，乃于禁苑中起一极高的台观，时常登之以望昭陵，用释其思念之意。一日引宰相魏徵同登这层观，使他观看昭陵。魏徵思太宗此举欠当：他的父亲高祖葬于献陵，未闻哀慕；今乃思念皇后不已，至于作台观以望之，是厚于后而薄于父也。欲进规谏，不就明言，先故意仔细观看良久，对说："臣年老眼目昏花，看不能见。"太宗因指昭陵所在，教魏徵看。魏徵乃对说："臣只道陛下思慕太上皇，故作为此观以望献陵。若是皇后的昭陵，臣早已看见了。"太宗一闻魏徵说起父皇，心里感动，不觉泣下。自知举动差错⑧，遂命拆毁此观，不复登焉。

　　太宗本是英明之君，事高祖素尽孝道⑨，偶有此一事之失，赖有直臣魏徵能婉曲以进善言⑩。太宗即时感悟，改过不吝⑪，真盛德事也。

【注释】

①此则故事出自《资治通鉴》卷第一百九十四唐纪十。

②昭陵：陵墓名。唐太宗李世民墓。在陕西礼泉九嵕山。利用山峰凿成。著名的"昭陵六骏"石刻，原来即列置在昭陵北面祭坛的东西两庑房内。

③层观：多层的高大楼台。

④熟视：注目细看，凝视。

⑤昏眊（mào）：眼睛昏花。

⑥献陵：陵墓名。唐高祖李渊墓。在今陕西三原。堆土成陵，形如覆斗。

⑦固：本来。

⑧举动：举止，行动。差错：错误。

⑨素：平素，向来，旧时。

⑩婉曲：委婉曲折。

⑪改过不吝：谓毫无保留地改正过错。

撤殿营居　唐太宗

　　唐史纪[1]：太宗以魏徵宅无堂，命辍小殿之材以构之。五日而成，仍赐以素屏褥几杖等，以遂其所尚。徵上表谢，上手诏曰："处卿至此[2]，盖为黎元与国家[3]，何事过谢。"

唐太宗

【解】

　　唐史上记，太宗时的大臣，只有个魏徵能尽忠直谏，太宗也极敬重他。一日闻魏徵所住的私宅止有旁室，没有厅堂。那时正要盖一所小殿，材料已具，遂命撤去，与魏徵起盖厅堂，只五日就完成了。又以徵性好俭朴，复赐以素屏褥几杖等物，以遂所好尚。徵上表称谢，太宗手诏答曰："朕待卿至此，盖为社稷与百姓计，何过谢焉！"

　　夫以君之于臣，有能听其言、行其道而不能致敬尽礼者，则失之薄；亦有待之厚、礼之隆而不能谏行言听者，则失之虚；又有赏赐及于匪人而无益于黎元国家者④，则失之滥而人不以为重矣。今观太宗之所以待魏徵者，可谓情与文之兼至⑤，固宜徵之尽忠图报⑥，而史书之以为美谈也。

【注释】

①此则故事出自《资治通鉴》卷第一百九十六唐纪十二。

②处（chǔ）：对待。

③黎元：即黎民。民众，百姓。

④匪人：行为不端正的人。

⑤情与文：感情与礼节仪式。文，指礼节仪式。

⑥固宜：本来应当。

面斥佞臣　唐太宗

　　唐史纪^①：太宗尝止树下，爱之，宇文士及从而誉之不已^②。太宗正色曰："魏徵尝劝我远佞人^③，我不知佞人是谁，意疑是汝^④，今果不谬。"士及叩头谢^⑤。

面斥佞臣

唐宗

宇文士及

【解】

　　唐史上记，太宗一日退朝之暇，曾闲行到一树下，见其枝叶茂盛，心颇爱之。是时宇文士及在傍，要阿奉太宗的意思⑥，就将那株树称誉不止。太宗觉得士及是个便佞的人⑦，心里厌他，因正色而斥之，说道："往日魏徵尝劝我斥远佞人，我不知今朝中那一个是佞人，但心里也疑是你。自今观之，一树之微，何足称誉，其曲意承顺如此⑧，所谓佞人，非汝而谁？平日所疑，果不谬也。"士及惶恐叩头谢罪。

　　尝观孔子有言曰："恶利口之覆邦家"⑨，又曰："远佞人⑩。"盖便佞之人，专一窥伺人主的意思，巧于奉承。哄得人主心里喜悦，就颠倒是非，变乱黑白，贼害忠良，报复仇怨。如费无忌、江充之伦⑪，把人家君臣父子都离间了，终至于骨肉相残，国家倾败而后已。是以圣人深以为戒，如饮鸩毒⑫，如避蛇蝎，不敢近他。如唐太宗之面斥宇文士及，可谓正矣⑬。然终不能屏而远之⑭，则亦岂得为刚明之主哉⑮！然佞人亦难识。但看他平日肯直言忠谏的，就是正人；好阿意奉承的，就是佞人。以此辨之，自不差矣。

【注释】

①此则故事出自《资治通鉴》卷第一百九十六唐纪十二。

②宇文士及（？—642）：隋末唐初大臣。字仁人。京兆长安（今陕西西安）人。宇文述之子。随李世民征战，以功封郢国公，擢任中书侍郎、太子詹事。太宗即位，任中书令。深受太宗宠信。卒后追赠左卫大将军，陪葬昭陵。

③佞人：善于花言巧语、阿谀奉承的人。

④意疑：怀疑。

⑤谢：道歉，认错。

⑥阿奉：阿谀奉承。

⑦便（pián）佞：巧言善辩，阿谀逢迎。

⑧曲意：委曲己意而奉承别人。

⑨恶利口之覆邦家：语出《论语·阳货》。意思是厌恶以伶牙俐齿危害国家。利口，能言善辩。

⑩远佞人：语出《论语·卫灵公》。

⑪费无忌（？—前515）：春秋时楚国大夫。平王时，为太子建少傅。善谗，与太子不和，于平王前谗害太子，逼使太子奔宋。太傅伍奢为太子说情，亦遭谗杀。江充（？—前91）：西汉官吏。字次倩，赵国邯郸（今属河北）人。征和二年（前91），武帝有病，他曾得罪过太子刘据，惧武帝死后被太子所诛，乃奏言称武帝病为巫蛊所致，遂受命治巫蛊狱，至使数万人冤死。又诬指刘据巫蛊诅上。刘据被迫起兵，将他杀死。

⑫鸩（zhèn）：传说中的一种毒鸟。

⑬正：正确。

⑭屏（bǐng）：放逐，摈弃。

⑮刚明：犹严明。

剪须和药　唐太宗

唐史纪①：太宗时，李世勣尝得暴疾②。方云须灰可疗，上剪须为之和药。世勣顿首出血泣谢③。上曰："朕为社稷④，非为卿也，何谢之有？"

唐太宗

李勣

【解】

　　唐史上记，太宗时，有功臣李世勣得个暴病，医方上说用人须烧灰，可治此病。太宗只要世勣的病好，遂将自己的须剪与他合药。世勣病愈，感帝之恩，叩头出血，涕泣而谢。太宗说："朕赖卿以安社稷，卿安则社稷安矣。朕剪须以治卿病，乃是为社稷计，不为卿一人之私也。何谢之有？"

　　孟子曰："君之视臣如手足，则臣视君如腹心⑤。"太宗忧世勣之病，至亲剪其须以疗之，诚不啻若手足之爱矣⑥。为之臣者，安得不竭忠尽力，奋死以图报哉！

【注释】

①此则故事出自《资治通鉴》卷第一百九十七唐纪十三。

②李世勣（594—669）：唐朝名臣。本姓徐，名世勣（后避太宗讳，去"世"字），字懋功，曹州离狐（今山东东明）人。武德二年（619）归唐，屡立奇功。太宗贞观初年，拜并州都督，与李靖合作，大破突厥，俘颉利可汗。贞观十八年（644），任辽东道行军大总管，从太宗征高丽。后受遗诏辅高宗。卒后追赠太尉，陪葬昭陵。暴疾：突然发病。

③顿首：磕头。旧时礼节之一。以头叩地即举而不停留。

④社稷：古代帝王、诸侯所祭的土神和谷神。此代指国家。社，土神。稷，谷神。

⑤君之视臣如手足，则臣视君如腹心：语出《孟子·离娄下》。

⑥不啻：无异于，如同。啻，但，仅，止。

遇物教储 唐太宗

　　唐史纪[①]：太宗自立太子，遇物则诲之。见其饭则曰："汝知稼穑之艰难[②]，则常有斯饭矣。"见其乘马则曰："汝知其劳而不竭其力，则常得乘之矣。"见其乘舟则曰："水所以载舟，亦所以覆舟。民犹水也，君犹舟也。"见其息于木下，则曰："木从绳则正，后从谏则圣[③]。"

李李

唐太宗

【解】

　　唐史上记，太宗自立晋王为太子④，凡遇一物一事，必委曲诲谕之⑤，以启发他的志意⑥。如见太子进膳，就教之说："农夫终岁勤苦，耕耘收获，种得谷成，方有此饭。汝若用饭之时即念稼穑艰难，此饭不容易得，推此心去体恤农夫，节省用度，则上天必监汝有惜福之智而多降天禄⑦，使汝常得用此饭矣。"如见太子乘马，就教之说："马虽畜类，亦具知觉之性⑧，所当爱惜。汝若乘马之时即念此马之劳，驰驱有节，不尽其力，则上天必监汝有爱物之仁而贵界万乘⑨，使汝常得乘此马矣。"如见太子乘舟，就教之说："水本以载舟，故舟藉水以运；然而水亦能覆舟，则舟不可倚水为安。那百姓每就譬之水一般，为君上的譬之舟一般，君有恩德及民，则民莫不戴之为君；若是暴虐不恤百姓，则人亦将视之为寇仇而怨叛之。譬之于水，虽能载舟，亦能覆舟，不可不慎也。"如见太子息阴于木下⑩，就教之说："木生来未免有湾曲处⑪，惟经匠氏绳墨则斫削的端正，可为宫室器物之用。人君生长深宫，未能周知天下之务，岂能件件不差？惟虚心听从那辅弼谏诤之臣，则智虑日明，历练日熟，遂能遍知广览而成圣人矣。这是《书》经上的说话，不可不知也。"

　　唐太宗之教诲太子，用心谆切如此⑫。盖太子乃天下之本，欲成就其德，惟在教诲周详，所以唐太宗特加意于此⑬。其深谋远虑，真可为万世法矣。

【注释】

①此则故事出自《资治通鉴》卷第一百九十七唐纪十三。

②稼穑：耕种和收获。泛指农业劳动。

③木从绳则正，后从谏则圣：语出《尚书·说命上》。意思是木依照绳墨才能取正，君主依从谏言才会圣明。后，君主，帝王。

④晋王：即唐高宗李治（628—683）。太宗第九子，长孙皇后所生。字为善，小字雉奴。贞观五年（631）封晋王。十七年（643）立为皇太子。二十三年（649）六月即帝位。即位后任贤纳谏，勤于政事，亲问百姓疾苦，史称其永徽之政，"有贞观之遗风"。

⑤委曲：委婉，婉转。诲谕：亦作"诲喻"。教诲晓喻。

⑥志意：思想，精神。

⑦监：察看，督察。

⑧知觉：感觉。

⑨贵：欲，想要。畀（bì）：赐与。

⑩息阴：乘阴凉。

⑪湾曲：同"弯曲"。

⑫谆（zhūn）切：真诚，恳切。

⑬加意：注重，特别注意。

遣归方士　唐高宗

　　唐史纪①：太宗时，天竺方士娑婆寐自言有长生之术②。上颇信之，发使诣婆罗门诸国采药③。药竟不就④，乃放还。高宗即位⑤，复诣长安。上复遣归，谓宰相曰："自古安有神仙？秦始皇汉武帝求之，卒无所成⑥。果有不死之人，今皆安在？"李勣对曰："此人再来，容发衰白，已改于前。何能长生？"竟未及行而死。

唐高宗

辛勣

【解】

　　唐史上记，太宗时，西域天竺国有个方外的道士[⑦]，叫做娑婆寐，自己说他有长生不老的药方。太宗初信其言，发人去往婆罗门诸国采取药物，着他制药。竟不能成，乃遣他还归本国。及至高宗即位，这方士又到京师，以其方术见上。高宗不纳，仍复遣还，因与宰相说道："自古生必有死，神仙之说，都是虚诞。昔时秦始皇汉武帝为求神仙，费了一生心力，到底没一些效验。若使世果有长生不老之人，今皆何在？"李勣对曰："此人这一番来，容貌衰老，发尽皓白，与前次不同。他若有仙方，何不自家服食延年，而衰老如此？其妄诞可知矣。"后果不及还家而死。

　　由此观之，神仙之说，原是谄谀之人干求恩宠，见得天子之富贵已极，无足以动其意者，惟有长生一事，不可必得，遂托为渺茫玄远之说，以歆动人主之意[⑧]。是以为秦皇求仙药者，有徐福辈[⑨]，入海不返；为汉武求仙方者，有栾大等[⑩]，无功被诛。即此二事，可为明验。然惟清心寡欲，节慎于饮食起居之间，自可以完固精神[⑪]，增益年寿。如五帝三王，享国长久，垂名万世，不亦美乎？

【注释】

①此则故事出自《资治通鉴》卷第二百唐纪十六。

②天竺：印度的古称。方士：方术之士。古代自称能访仙炼丹以求长生不老的人。婆婆寐：天竺方士。自云有长生之术，太宗深加礼遇，令炼药，食之无效，遣放回国。

③婆罗门：古印度四种姓之一。居于种姓之首，世代以祭祀、诵经、传教为专业，是社会精神生活的统治者，享有种种特权。此处代指古印度。

④就：成，成功，完成。

⑤高宗：见上篇"晋王"注释。

⑥卒：终于，最后。

⑦西域：犹西方，西天。

⑧歆动：触动，惊动。

⑨徐福：秦朝方士。一作"徐市"。字君房。琅玡人。始皇二十八年（前219），上书言海中有蓬莱、方丈、瀛洲三仙山，上住仙人。请求斋戒后与童男童女往求仙药。于是始皇使之率三千童男女，并带上工匠及五谷种子和大量珍宝，入海求仙采药，结果一去不回。后世或谓其所到之处即今日本。

⑩栾大（？—前112）：西汉武帝时方士。胶东人。曾与术士少翁同师学方术。后为胶东王宫尚方。元鼎四年（前113），由胶东康王丁后通过乐成侯丁义推荐给武帝。自言能点金、堵河决、招神位、炼不死之药诸术，深为武帝宠信，拜为五利将军。居月余，又连得天士将军、地士将军、大通将军、天道将军四金印。同年又封为乐通侯，食二千户，得赐僮千人，黄金万斤。武帝还以卫长公主妻之，并常亲至其府第，使者更是连属于道。贵族大臣也争相献遗交结。明年，因骗术败露，被腰斩。

⑪完固：饱满，充沛。

焚锦销金 唐玄宗

　　唐史纪①：玄宗以风俗奢靡②，制："乘舆服御、金银器玩③，令有司销毁④，以供军国之用。其珠玉锦绣，焚于殿前。后妃以下，皆毋得服珠玉锦绣，天下更毋得采珠玉、织锦绣等物。罢两京织锦坊⑤。"

一百三十二

唐玄宗

【解】

　　唐史上记，玄宗初年，因见当时风俗奢侈华靡，心甚恶之，欲痛革其弊⑥，乃诏凡上用服御器玩，系是金银妆饰打造的，令有司尽行销毁，却将这金银就充朝廷军国的费用。其内府所积珠玉锦绣，都取在殿前用火烧了，以示不用。又以后宫不先禁止，外面人未免效尤，乃诏后妃以下，勿得用珠玉锦绣为服饰。又诏天下官民人等，再不许采取珠玉织造锦绣等物。两京旧日有织锦坊，也命撤去了，不复织造。

　　盖珠玉锦绣，徒取观美，其实是无益之物。人君喜好一萌，必至征求四方，劳民伤财，无所不至。又且天下化之，习尚奢侈，渐至民穷财尽，贻害不小。玄宗初年刻励节俭如此⑦，所以开元之治大有可观，到后来还不免以奢取败。可见靡丽之物容易溺人，而人主持志不可不坚也。

【注释】

①此则故事出自《资治通鉴》卷第二百一十一唐纪二十七。

②玄宗：唐玄宗李隆基（685—762）。一称唐明皇。公元712—756年在位。初期先后任用姚崇、宋璟为相，整顿武、韦以来弊政，社会经济得以恢复，史称"开元之治"。开元二十四年（736）以后，李林甫、杨国忠相继执政，吏治腐败。又爱好声色，奢侈荒淫。天宝十四载（755）安史之乱爆发，唐朝由盛转衰。

③乘舆：古代帝王、诸侯所乘坐的车子。也用作皇帝的代称。服御：指服饰车马器用之类。

④有司：官吏。古代设官分职，各有专司，故称。

⑤两京：唐显庆二年（657）后指京城长安和东都洛阳。织锦坊：作坊名。唐朝官办手工作坊，为宫廷织造锦帛。

⑥革：更改，变革。

⑦刻励：刻苦勤勉。

委任贤相 唐玄宗

　　唐史纪[①]：玄宗初即位，励精为治，以姚元之为相[②]，每事访之。元之应答如响，同僚皆唯诺而已[③]，故上专委任之。元之尝奏请序进郎吏[④]，上仰视殿屋，再三言之，终不应。元之惧，趋出。罢朝，高力士谏曰[⑤]："陛下新总万机，宰臣奏事，当面加可否，奈何一不省察[⑥]？"上曰："朕任元之以庶政，大事当奏闻共议，郎吏卑秩[⑦]，乃以烦朕耶？"会力士宣事至省中[⑧]，为元之道上语，元之乃喜。闻者皆服上识人君之体[⑨]。

委任賢相

唐玄宗

姚元之

【解】

　　唐史上记，玄宗即位之初，励精图治，知道姚元之是个贤臣，以他为宰相，每事必访问他。元之素有才能，练达政事，随问随答，如响之应声。同僚官皆不能及，但从后唯诺而已。于是玄宗专意委任之。一日元之面奏，请以次序升转郎官。玄宗不答应他，只仰面看着殿屋。元之又再三奏请，玄宗终不答应。元之只说玄宗怪他，恐有得罪，不敢再奏，趋走而出。及朝罢，内侍高力士谏说[10]："陛下新总万机，宰相奏事，宜面定可否，何故只仰看殿屋，通不礼他？"玄宗说："我将国家的事都付托与元之，委任至重，惟大事当奏闻，我与他商议。今郎吏小官，也来一一奏请，岂不烦黩耶[11]？"这是玄宗专任宰相的意思，元之却不知，心怀疑惧。适遇高力士以传奉旨意事到中书省中，将玄宗的言语备悉说与元之，元之心上才喜。群臣闻之，都说玄宗不亲细事而委任贤相，得为君之体也。

　　然人主须是真知宰相之贤，乃可以委任责成，不劳而治。若不择其人而轻授以用舍之柄，将至于威权下移，奸邪得志，其为害又岂浅浅哉[12]！故帝王之德，莫大于知人；而治乱之机[13]，惟视其所任。人主不可不慎也。

【注释】

①此则故事出自《资治通鉴》卷第二百一十唐纪二
　十六。

②姚元之（650—721）：唐代名相。陕州硖石（今
　河南三门峡南）人。本名元崇，改元之，避开元
　年号，又改名崇。开元初任相，奏请禁止宦官、
　贵戚干政，禁绝佛寺道观的营造，奖励群臣劝
　谏等十事，纠正不敢捕杀蝗虫的陋俗，推行焚瘗
　之法，减轻了当时的灾情。后引宋璟自代，史
　称"姚宋"。

③唯诺：唯唯诺诺。谓卑恭顺从。

④序进：按规定的等级次第升迁。郎吏：郎官。

⑤高力士（690—762）：唐朝著名宦官。高州良
　德（今属广东）人。本姓冯，因被宦官高延福收
　为养子，遂改姓为高。倾心结附李隆基，并在
　宫廷政变中立功。受玄宗宠信，常宿禁中，参
　与朝政。四方进奏文表，必先过目，小事自行
　裁决。内外大臣皆厚结纳以取将相之位。安史
　之乱爆发后，随玄宗逃至西川。郭子仪收复京
　师后返回长安。肃宗上元元年（760），因保护
　退位的玄宗而得罪宦官李辅国，被流放到巫州。

宝应元年（762）赦还，至朗州，闻玄宗已死，
　号哭而亡。死后陪葬泰陵（在今陕西蒲城）。

⑥一不：全不。省察：审察，仔细考察。

⑦卑秩：低微的职位或品级。

⑧省中：宫禁之中。

⑨体：准则，法则。

⑩内侍：官名。唐代全部以太监充当。后因称宦官
　为内侍。

⑪烦黩：冒渎，打扰。

⑫浅浅：细小，微小。

⑬治乱之机：安定与动乱的关键。机，事物的关键，
　枢纽。

兄弟友爱 唐玄宗

　　唐史纪①：玄宗素友爱。初即位，为长枕大被，与兄弟共寝；饮食起居，相与同之。薛王业有疾②，上亲为煮药。火爇上须③，左右惊救之，上曰："但使王饮此药愈，须何足惜。"

唐玄宗

薛王

【解】

　　唐史上记，玄宗与他兄弟诸王极相友爱，到做了天子也不改变。初登宝位④，即制为长枕大被，与诸兄弟每一处宿歇；饮食行坐，都不相离。少弟薛王名业⑤，曾染疾病，玄宗自己替他煎药，炉内火被风吹起来⑥，烧着玄宗的须。左右惊慌上前救之，玄宗说："但愿薛王服了这药，病得痊可。我之须何足惜！"其友爱之切如此。

　　夫兄弟本是同胞所生，故大舜待弟，亲之欲其贵，爱之欲其富，至于一忧一喜，莫不与共。玄宗身为天子，能这等笃于友爱，亦可谓贤君矣。

【注释】

①此则故事出自《资治通鉴》卷第二百一十一唐纪二十七。

②薛王业（？—734）：唐朝宗室。睿宗之子，本名李隆业，因避玄宗讳单名业。睿宗即位，进封薛王。开元二十二年（734）正月薨，册赠惠太子，陪葬桥陵（在今陕西蒲城）。

③爇（ruò）：烧，焚烧。

④宝位：帝位。

⑤少弟：最小之弟，年少之弟。

⑥炉：火炉。

召试县令　　唐玄宗

　　唐史纪[1]：玄宗悉召新除县令至殿庭[2]，试理人策。惟韦济词理第一[3]，擢为醴泉令[4]；余二百人不入第[5]，且令之官[6]；四十五人放归学问[7]。又敕京官五品以上、外官刺史，各举县令一人，视其政善恶为举者赏罚。

唐玄宗

【解】

　　唐史上记，玄宗以县令系亲民之官，县令不好则一方之人皆受其害，故常加意此官。是时有吏部新选的县令二百余人⑧，玄宗都召至殿前，亲自出题考试，问他以治民之策。那县令所对的策，惟有韦济词理都好，取居第一，拔为京畿醴泉县令⑨。其余二百人，文不中第，考居中等，姑令赴任，以观其政绩何如。又四十五人，考居下等，放回原籍学问，以其不堪作令，恐为民害也。又敕令在京五品以上官及外面的刺史⑩，各举他所知的好县令一人，奏闻于上。既用之后，遂考察那县令的贤否，以为举主的赏罚⑪。所举的贤，与之同赏；所举的不肖，与之同罚。

　　所以那时县令多是称职，而百姓皆受其惠，以成开元之治。今之知县，即是古之县令，欲天下治安，不可不慎重此官也。

【注释】

①此则故事出自《资治通鉴》卷第二百一十一唐纪二十七。

②除：拜官，授职。

③韦济：唐代官吏。郑州阳武（今河南原阳）人。开元初调鄄城令。时玄宗诏问安民之道，对者二百人，他居第一，擢醴泉令。天宝中，任尚书左丞，官至冯翊太守。所至有治绩。词理：文词的义理。

④醴泉：县名。治所在今陕西礼泉。

⑤入第：进入等第，合格。

⑥之官：上任，前往任所。

⑦学问：学习和询问（知识、技能等）。

⑧吏部：旧官制六部之一。主管官吏任免、考课、升降、调动等事。班列次序，在其他各部之上。

⑨京畿：国都及其行政官署所辖地区。

⑩刺史：古代官名。原为朝廷所派督察地方之官，后沿为地方官职名称。

⑪举主：旧时对被推荐者而言，推荐者为其举主。

听谏散鸟 唐玄宗

　　唐史纪①：玄宗尝遣人诣江南，取鹢鹊鸂鶒等②，欲置苑中③。所至烦扰④。汴州刺史倪若水上言⑤："今农桑方急，而罗捕禽鸟，陆水转送。道路观者，岂不以陛下为贱人而贵鸟乎？"玄宗手敕谢之⑥，纵散其鸟。

聽諫散鳥

唐玄宗

【解】

唐史上记，玄宗尝遣使臣往江南地方，采取鸀鹛鸂鶒等水鸟，畜养于苑中，以恣观玩。时使臣所到的去处，百姓每不胜扰害。有汴州刺史倪若水上书谏说："如今江南百姓衣食不足，饥寒过半，方务农采桑，以耕织为急。而朝廷之上，乃使之罗捕禽鸟，水陆转运，远至京师。负累小民，骚扰地方。那路上人看见的，岂不说陛下轻视民命，重视禽鸟，为贱人而贵鸟乎？何故为此不急之务，好此无益之物，以亏损圣德也？"玄宗一闻若水之言，深合于心，即发手敕一道谢之。因纵散其鸟，不复采捕。

尝闻召公之训武王曰[⑦]："不贵异物贱用物，民乃足。"又曰："珍禽奇兽，不育于国。"人主之好尚，不可不审也。玄宗爱鸟，近于禽荒[⑧]，一闻若水之言，即命散之，可谓从谏如流矣。然不但禽鸟一事，但凡人主喜好那一件物，即为地方之害。盖官吏奉承，指一科十[⑨]，半入公家，半充私囊[⑩]；甚至严刑峻罚，催督苛扰。百姓每至于鬻儿卖女[⑪]，倾家荡产。其害可胜言哉！惟人主清心寡欲，一无所好，只着百姓每纳他本等的赋税，则黎元皆得休息，天下自然太平矣。

【注释】

①此则故事出自《资治通鉴》卷第二百一十一唐纪
　二十七。

②鸡鹢（jiāo jīng）：鸟名。即池鹭。其背上蓑羽可
　供装饰用。鸂鶒（xī chì）：即鸂鶒。水鸟名。形
　大于鸳鸯，多紫色，好并游，俗称紫鸳鸯。

③苑：古称养禽兽、植林木的地方，多指帝王或
　贵族的园林。

④烦扰：搅扰，干扰。

⑤汴州：北周宣帝改梁州置，治浚仪县（今河南
　开封）。因州城临汴水而得名。五代梁开平元年
　（907）升为开封府。自隋开通济渠，为东南物
　资北运的中继站，中原经济都会。倪若水（？—
　719）：唐朝官吏。字子泉，恒州藁城（今河北
　石家庄）人。进士出身。起仕咸阳（今陕西咸
　阳）丞，累擢为剑南道黜陟使，政绩优异。开元
　初，历任中书舍人、尚书右丞，出任汴州刺史。
　在任大兴儒学，立学馆。

⑥手敕：手诏，帝王亲手写的诏书。敕，诏书。

⑦召公：西周大臣。姬姓，名奭，食邑于召，故称
　召公。以下两句引文，出自《尚书·旅獒》，据

说是召公教导周武王之词。

⑧禽荒：沉迷于田猎。

⑨科：征发赋税、徭役。

⑩私橐（tuó）：私人的钱袋。亦借指私人的钱财。
　橐，盛物的袋子。

⑪鬻（yù）：卖。

啖饼惜福 唐玄宗

　　唐史纪[①]：肃宗为太子[②]，尝侍膳[③]。有羊臂臑[④]，上顾太子使割。肃宗既割，余污漫刃[⑤]，以饼洁之。上熟视不怿[⑥]。肃宗徐举饼啖之，上大悦，谓太子曰："福当如是爱惜。"

吃餅惜福

太子

唐玄宗

【解】

　　唐史上记，肃宗为太子时，曾在宫中亲侍他父皇玄宗进膳。盖问安侍膳，乃太子之礼也。那席间有一块羊臂臑（音猱，臂小节间肥肉也），玄宗欲食之，顾视肃宗，着他亲自割切。肃宗承命，就用刀割切了。因刀刃上有些羊脂污漫，取一块饼，将刀揩得洁净。玄宗见饼乃食物，而以之拭刀为可惜，注目看着他，有不悦之色。肃宗从容举起那饼，放在口中吃了，不敢抛弃。玄宗方才大喜，遂对肃宗说道："凡人福禄有限，应当如此爱惜。"

　　大抵自天子以至庶人，福分虽有大小，然皆以撙节爱惜而得长久⑦；暴殄糜费⑧，必致短促。譬之井泉，徐徐汲取，则其来无穷，用之不尽。若顿行打汲⑨，则顷刻之间，立见其干竭矣。所以自古圣贤之君，虽尊居九重⑩，富有四海，而常服浣濯之衣，不食珍奇之味，减省服御，爱养民力。故得寿命延长，国祚绵远。彼齐后主、隋炀帝之流⑪，竭万民之膏血以供一人之欲⑫，如恐不足。一旦福穷禄尽，身丧国亡，岂不可悲也哉！唐玄宗"惜福"二字，诚万世人主之龟鉴也。

【注释】

①此则故事出自唐李德裕《次柳氏旧闻》。

②肃宗：唐肃宗李亨（711—762）。玄宗第三子，小字阿奴。聪敏强记。开元二十六年（738）立为太子。安史之乱时，北上即位于灵武（今属宁夏）。任用郭子仪、李光弼，依靠朔方军，并借用回纥兵平叛。至德二载（757），收复两京。

③侍膳：陪从尊长用膳。

④臑（nào）：动物的前肢。

⑤漫刃：流溢到刀刃上。

⑥怿（yì）：喜悦，快乐。

⑦撙（zǔn）节：节省，节约。

⑧暴殄（tiǎn）：任意浪费、糟蹋。殄，灭绝，绝尽。糜费：浪费。

⑨顿：同时，一下子。

⑩九重：指宫禁，朝廷。

⑪齐后主（556—578）：北朝时北齐皇帝。名高纬。字仁纲，渤海蓨（今河北景县）人。武成帝长子。太宁二年（562）立为太子。河清四年（565）武成帝禅位，嗣立为帝，故称少帝。在位十三年。宠用和士开、高阿那肱、韩凤等奸佞，广征赋徭，大兴佛寺，穷奢极欲，腐朽昏庸，致使朝政弥乱，民不聊生，时人讥为无愁天子。隆化二年（577）周军攻齐甚急，国命危在旦夕，为苟延齐祚，禅位太子，自称太上皇。同年齐亡，被俘入周，封温国公。后被以谋反赐死。隋炀帝（569—618）：隋朝皇帝。名杨广。弘农华阴（今属陕西）人。文帝次子。604—618年在位。文帝代周，立为晋王。他与杨素等相结，谗废太子杨勇，得立为太子。仁寿四年（604），杀文帝即位。在位奢侈，大兴土木，建西苑，置离宫四十余所。开运河，筑长城，三次侵高丽，天下之民疲于征役。众怨沸腾，群雄蜂起。南巡至江都（今江苏扬州），为右屯卫将军宇文化及所杀。

⑫膏血：犹言民脂民膏。

烧梨联句　唐肃宗

　　唐史纪^①：肃宗召处士李泌于衡山^②。至，舍之内庭^③。尝夜坐地炉，烧二梨以赐李泌。颖王恃宠固求，上不许，曰："汝饱食肉，先生绝粒^④，何争耶？"时诸王请联句^⑤，颖王曰："先生年几许，颜色似童儿。"信王曰："夜枕九仙骨，朝披一品衣^⑥。"一王曰："不食千钟粟，惟餐两颗梨。"上曰："天生此间气，助我化无为。"后肃宗恢复两京，泌之策为多。至德宗时拜相^⑦。时人方之张子房。

【解】

唐史上记，处士李泌有道行⑧，隐居嵩山⑨。曾侍肃宗于东宫⑩，及肃宗即位，遣人各处求访，得之于衡山。既到，待以宾友之礼。就着他在内殿居住，便于谘访。曾一寒夜，肃宗坐地炉，自烧两个梨以赐李泌。颖王年幼，倚着肃宗宠爱，要这烧的梨吃。肃宗不肯与他，说道："你终日饱食肉味，先生休粮绝粒，不吃烟火食，故我以此梨赐之，如何来争？"颖王乃止。此时诸王因请联诗以赠李泌。颖王先倡一联云："先生年几许，颜色似童儿。"说李泌年纪多少，而颜色美好只如童子一般。此美其有道养形，异于常人也。信王接一联云："夜枕九仙骨，朝披一品衣。"说李泌夜间则枕九仙的骨睡着，昼间则穿一品极贵的衣服。此美其以隐逸而兼尊贵也。有一王又接一联云："不食千钟粟，惟餐两个梨。"说李泌固辞相位，不肯受千钟俸禄，惟今夜二梨之赐则受而食之。此美其高尚之志也。于是肃宗凑成末联云："天生此间气，助我化无为。"说李泌非是凡人，乃上天间气所生，以助我成无为之化也。其后肃宗收复两京、平安史之乱⑪，李泌之谋策居多。至德宗时为宰相，功业尤著。时人把他比汉时张子房⑫，为神仙宰相也。

夫李泌一山人尔⑬，而肃宗乃呼为先生，称为间气⑭，至亲烧梨以赐之。此所谓以天子而友匹夫者也。

【注释】

①此则故事出自唐李繁《相国邺侯家传》。

②处士：本指有才德而隐居不仕的人，后亦泛指未做过官的士人。李泌（722—789）：唐朝名臣。德宗时拜相。字长源，京兆长安（今陕西西安）人。文才出众，然不愿应举，隐遁山中。天宝年间待诏翰林，供奉东宫。安史之乱时，赴灵武（今属宁夏）为肃宗出谋划策。两京平，其功居多。李辅国忌之，遂隐居衡山。后历多职，累封邺县侯。好谈神仙道术，通《周易》。衡山：山名。位于湖南中部，为五岳之南岳。一名岣嵝山，又名霍山。

③舍（shè）：居住，住宿。内庭：宫禁以内。

④绝粒：犹辟谷。道家以摒除火食、不进五谷求得延年益寿的修养术。

⑤联句：作诗方式之一。由两人或多人各成一句或几句，合而成篇。旧传始于汉武帝和诸臣合作的《柏梁诗》。

⑥一品：封建社会中官品的最高一级。自三国魏以后，官分九品，最高者为一品。借指位居一品的高官。

⑦德宗：唐德宗李适（742—805）。代宗长子。代宗初，任天下兵马元帅，讨伐史朝义，平定河北，以元帅功拜尚书令。即位后思革旧弊，罢四方贡献，放五坊鹰犬，出宫女百余人。建中元年（780），用宰相杨炎建议，废租庸调用两税法。猜忌信谗，擢用卢杞，冤杀刘晏。加征茶税、竹税、商税等，致使许多百姓破产。

⑧道行（héng）：谓能力、本领。

⑨嵩山：山名。在河南登封北，为五岳之中岳。古称外方、太室，又名崇高、嵩高。其峰有三：东为太室山，中为峻极山，西为少室山。

⑩东宫：太子所居之宫，亦指太子。

⑪安史之乱：唐安禄山、史思明发动的叛乱。唐玄宗在位后期，国政紊乱。755年，镇守北方的节度使安禄山起兵反叛，攻入长安，唐玄宗逃入四川。757年，安禄山部将史思明一度壮大。直到763年才平定叛乱，但藩镇割据的局面严重削弱了唐朝的统治。

⑫张子房：即张良。

⑬山人：隐居在山中的士人。

⑭间气：旧谓英杰之人上应星象，禀天地特殊之气，间世而出，故称。

不受贡献 唐宪宗

　　唐史纪①：宪宗初即位②，昇平公主献女口③。上曰："上皇不受献，朕何敢违！"遂却之。荆南献毛龟④，诏曰："朕永思理本⑤，所宝惟贤。至如嘉禾、神芝、珍禽奇兽，皆虚美尔⑥，所以《春秋》不书祥瑞⑦。自今勿复以闻。其有珍奇，亦毋得进。"

唐憲宗

呂元膺

【解】

　　唐史上记，宪宗初即帝位，昇平公主献妇女十五人进宫答应。宪宗说道："我父皇在时，不受人的贡献，朕何敢违其教？"遂却而不受。又荆南地方献两个绿毛龟，宪宗又下诏书却之，说道："朕长思治道之本，惟贤人为可宝，取其能安国家、利百姓也。至如嘉禾、灵芝、珍禽奇兽，徒为耳目观美，都是无用之物，何足宝乎！所以孔子作《春秋》之书，并不曾记一件祥瑞，正以其无益也。自今以后，天下有司，再勿以祥瑞奏闻。其有珍禽奇兽，如毛龟之类者，亦不许进献。"

　　盖天下之物，恒聚于所好，而声色、祥瑞、珍奇三件，尤人情所易溺者。人主一有所好，则邪佞小人，遂得以乘其隙而投之。欲端一开，譬之堤防溃决，不可复塞，终至于心志蛊惑，政事荒怠，亡身复国而不悟⑧。可悲也哉！今宪宗即位之初，即能一切拒绝如此，其高识远志，诚超出乎寻常万万矣！

【注释】

①此则故事出自《旧唐书·宪宗本纪》。

②宪宗：唐宪宗李纯（778—820）。初名淳。顺宗长子。在位期间，以杜黄裳、李吉甫等人为相，修订律令，整顿科举，为削藩而蓄财。先后平定西川刘辟、江东李锜、淮西强藩吴元济等藩镇叛乱，使朝廷威望大增，藩镇相继归附，史称"元和中兴"。

③昇平公主：唐代宗女。为父所宠。嫁郭子仪之子郭暧。戏剧《打金枝》即由其事迹改编。卒赠虢国大长公主，谥懿。女口：女俘，俘以为奴的女子。

④荆南：荆州一带。亦泛指南方。

⑤理本：至治的根本。唐人避高宗李治讳，改"治"为"理"。

⑥虚美：不切实际的赞扬、谀美。

⑦《春秋》：编年体史书名。相传孔子据鲁史修订而成。所记起于鲁隐公元年（前722），止于鲁哀公十四年（前481），凡二百四十二年。叙事极简，用字寓褒贬。为其传者，以《左氏》《公羊》《穀梁》最著。

⑧复：通"覆"。颠覆。

遣使赈恤 唐宪宗

　　唐史纪[1]：宪宗四年，南方旱饥，命左司郎中郑敬等为江淮、两浙、荆湖、襄鄂等道宣慰使[2]，赈恤之。将行，上戒之曰："朕宫中用帛一匹，皆籍其数[3]，惟赒救百姓[4]，则不计费。卿辈宜识此意，勿效潘孟阳饮酒游山而已[5]。"

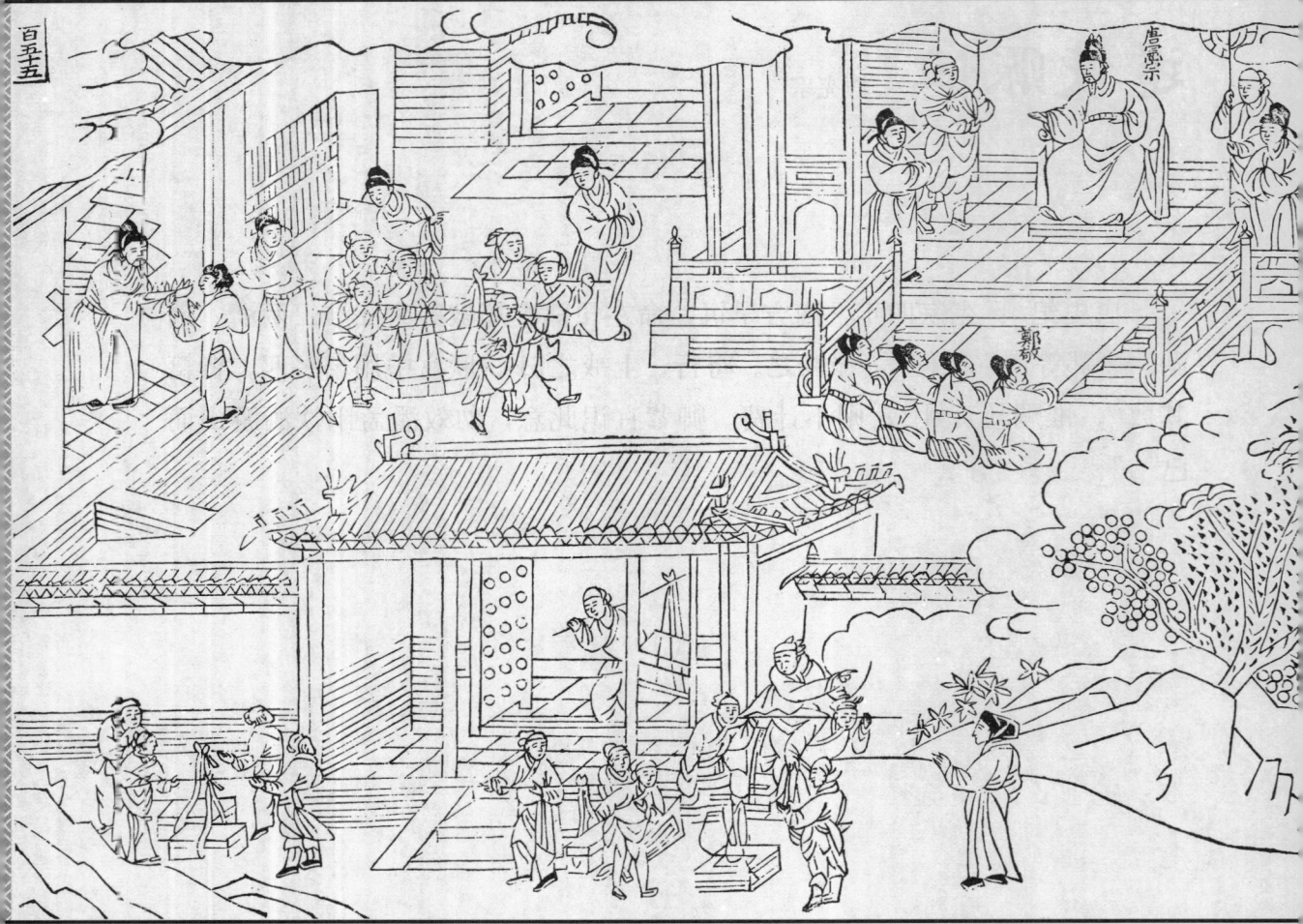

唐憲宗

郭敬

【解】

　　唐史上记，宪宗四年，南方大旱，百姓饥荒。宪宗命左司郎中郑敬等为江淮、两浙、荆湖、襄鄂等处各道宣慰使之官，分头去赈济饥民。郑敬等奉命将行，辞朝，宪宗戒谕他说："朕于宫中用度，虽一帛之微，必登记其数，惟恐浪费。独于赒济百姓，则不计所费，虽多弗惜。盖以民命为重，必使百姓受惠，而库藏盈缩，所不暇计也。卿等此行，宜体朕此意，凡所至饥荒之处，务要量其轻重，备查户口，逐一散给，必使百姓每个个都沾实惠才好。若前此所遣潘孟阳，出去只饮酒游山，而以赈济委之他人，全不体朝廷爱民之意，深负委托。卿等切勿效之。"

　　盖国依于民，而民依于食，使民有饥荒而不为赈恤，则死者固多而民心亦离散矣。将何以为国乎？宪宗有见于此，故薄于自奉而厚于恤民⑥，可谓知用财之道，得保邦之本矣！宜其为有唐之令主也欤⑦！

【注释】

①此则故事出自《资治通鉴》卷第二百三十七唐纪五十三。

②左司郎中：官名。为尚书左丞副贰，佐其判吏、户、礼三部十二司之事。郑敬：唐朝官吏。宪宗元和初任左司郎中。元和三年（808）任贤良方正科考策官，所选之士多指责朝廷失政，宰相怒，被贬官。宣慰使：官名。唐元和十四年（819），平淄青节度留后李师道，分其地为三镇，以杨於陵充淄青十二州宣慰使。此是临时性差遣，不为常制。

③籍：记录，登记。

④赒（zhōu）救：周济救助。

⑤潘孟阳（？—823）：唐朝大臣。宪宗立，诏孟阳巡江淮省财赋，加盐铁转运副使，并察诸使治否。所至但务游赏，广纳财贿。罢为大理卿。

⑥自奉：谓自身日常生活的供养。

⑦令主：贤德的君主。

延英忘倦 唐宪宗

　　唐史纪①：宪宗尝与宰相论治道于延英殿。日旰暑甚②，汗透御服，宰相恐上体倦，求退。上留之，曰："朕入宫中，所与处者，独宫人近侍耳③。故乐与卿等且共谈为理之要，殊不知倦也。"

延英忘儀

唐憲宗

裴度

李絳

【解】

唐史上记，宪宗励精图治，尝与宰相讲论治天下的道理于延英殿，直到日暮，尚未还宫。天气又甚暑热，汗透了上所尚的袍服。宰相李绛、裴度恐上御体劳倦④，因求退出。宪宗留之，说道："朕回到宫中，所与相处者，不过是宫女及左右近侍耳，安得对贤士、闻正言？所以每日喜与卿等且共谈论为治的要务，甚是有益，不知疲倦也。"

夫人君一日之间，事有万几⑤，须是常常接见贤臣，从容讲论，方得停当⑥。所以尧舜之时，君臣一体，都俞吁咈于一堂之上⑦。文王自朝至于中昃⑧，不遑暇食⑨，万世称为圣明之君。今观宪宗之勤政如此，亦可谓知君道者。宜其能削平僭乱，所向归服，有光于前烈也。

【注释】

①此则故事出自《资治通鉴》卷第二百三十八唐纪五十四。

②日旰（gàn）：天色晚，日暮。旰，晚，迟。

③宫人：妃嫔、宫女的通称。

④李绛（764—830）：唐赵郡赞皇（今属河北）人，字深之。宪宗时宰相。任职勤勉，以匡谏为己任。裴度（765—839）：河东闻喜（今属山西）人，字中立。宪宗时力主削藩，升为宰相。元和十二年（817）督师破蔡州，擒吴元济。

⑤万几：指帝王日常处理的纷繁的政务。

⑥停当：妥帖，妥当。

⑦都俞吁咈：形容君臣论政问答，融洽雍睦。《尚书·益稷》："禹曰：'都！帝，慎乃在位。'帝曰：'俞！'"又《尧典》："帝曰：'吁，咈哉！'""都""俞""吁""咈"均为叹词。以为可，则曰"都""俞"；以为否，则曰"吁""咈"。

⑧中昃：日中及日偏斜。泛指过午。

⑨不遑暇食：没有时间吃饭。形容工作紧张、辛勤。

淮蔡成功 唐宪宗

唐史纪[①]：吴元济反淮西[②]，宪宗命发兵讨之。是时诸道节度使及宰相李逢吉[③]，皆与元济交通[④]，多请罢兵，惟裴度力主讨贼之议。上曰："吾用度一人，足破此贼。"遂以度为相。师累岁无功，度请自诣行营。上许之。度陛辞[⑤]，言曰："臣若灭贼，则朝天有期[⑥]；贼在，则归阙无日[⑦]。"上为之流涕，解通天御带以赐之[⑧]。度至淮西，身自督战，由是诸将效力。李愬夜袭蔡州[⑨]，擒元济，淮西遂平。韩愈奉诏撰《平淮西碑》曰[⑩]："凡此蔡功，惟断乃成。"

唐憲宗

裴度

【解】

　　唐史上记，淮西节度使吴元济造反，宪宗命将发兵去征剿他。当时诸道节度使多有元济的党羽，朝中宰相李逢吉也与元济交通，多替他游说，奏请罢兵。惟有御史中丞裴度⑪，晓得淮西决然可取，力劝宪宗讨贼。宪宗说："我只消用裴度一人，就足以破此贼。决不罢兵。"遂用裴度做宰相，讨贼甚急。出兵已经二年，还未见成功，裴度自愿亲往淮西营里督战。宪宗大喜，就命他充淮西宣慰招讨使⑫。裴度临行辞朝，面奏说："臣此去若能灭贼，才有回来朝见之期。若此贼不灭，臣义在必死，终无归阙之日矣！"宪宗听说，不觉为他流涕。因解自家束的通天犀带一条赐他，以宠其行。裴度既到淮西，宣谕朝廷的威令，催诸将进兵讨贼。于是诸将人人效力，每战有功，遂擒元济。

　　淮西用兵凡累年而不克，群臣请罢兵者甚众。若非宪宗之明，独断于上；裴度之忠，力赞于下，则淮西几无成功矣。所以韩愈奉诏撰《平淮西碑》文纪功，其词有云："凡此蔡功，惟断乃成。"盖美宪宗之能断而成功也⑬。然则人君欲定大事，建大功，岂可以不断哉！

【注释】

①此则故事出自《资治通鉴》卷第二百三十九唐纪五十五及《旧唐书·裴度列传》等。

②吴元济（783—817）：唐代藩镇将领。沧州清池（今河北沧州东南）人。淮西节度使吴少阳子。在其父死后自领军务，纵兵焚掠舞阳、叶县等，拥兵割据，与唐各路大军抗衡数年。元和十二年（817），李愬袭破蔡州（今河南汝南），他被俘，斩于长安。淮西：方镇名。即淮南西道。

③李逢吉（757—835）：唐代宰相。陇西（今属甘肃）人。字虚舟。元和中由中书舍人升任宰相。恐裴度讨淮西吴元济有功，密加阻止，罢政事，出为剑南东川节度使。长庆二年（822）任兵部尚书，旋代裴度为相。

④交通：勾结，串通。

⑤陛辞：指朝官离开朝廷，上殿辞别皇帝。

⑥朝天：朝见天子。

⑦归阙：归回朝廷。

⑧通天御带：饰有通天犀的御带。通天犀为一种上下贯通的犀牛角。亦称"通天宝带"。

⑨李愬（773—821）：唐代名将。洮州临潭（今属甘肃）人，字元直。元和十一年（816）任随唐邓节度使，率兵讨淮西吴元济。他抚养士卒，重用降将李祐等人，于次年冬，乘雪夜攻克蔡州，生擒元济，升任山南东道节度使，封凉国公。蔡州：州名。治所在今河南汝南。

⑩韩愈（768—824）：唐代文学家。河南河阳（今河南孟州）人，字退之。因郡望昌黎，称韩昌黎。卒谥文，世称韩文公。他尊儒排佛，以从尧舜至孔孟的道统继承人自居。文章反对骈偶，与柳宗元同为古文运动的倡导者。后世列为"唐宋八大家"之首。

⑪御史中丞：官名。汉代为御史大夫的助理。外督部刺史，内领侍御史，受公卿章奏，纠察百僚，其权颇重。东汉以后不设御史大夫时，即以御史中丞为御史之长。唐宋虽复置御史大夫，亦往往缺位，即以中丞代行其职。

⑫招讨使：官名。唐开元十二年（724）置，掌招抚、讨伐之事，多以大臣、将帅及地方军政长官兼任。不常置，事罢即废。其下有判官、行军司马等官，佐长官处理军政钱粮事务。

⑬美：称美，赞美。

论字知谏 唐穆宗

　　唐史纪[①]：穆宗见翰林学士柳公权书迹[②]，爱之，问曰："卿书何能如是之善?"对曰："用笔在心，心正则笔正。"上默然改容，知其以笔谏也。

柳公權

唐穆宗

【解】

　　唐史上记，穆宗性好写字，见翰林学士柳公权写的字好，爱之，问说："卿写的如何能这等好？"公权对说："写字虽在手，用笔实在心。心里端正，则笔画自然端正。"

　　公权是个贤臣，因穆宗问他书法，就说在心上。见得凡事都从心里做出来。况人君一心，万化本源，若不是涵养的十分纯正，发出来的政事岂能一一停当合理？这正是以笔讽谏。穆宗是个聪明之君，就知他是以笔谏，闻之默然改容起敬。可谓善悟矣！若能体贴此言，真真实实务正其心，常用着柳公权这样人做辅弼之臣，少有阙失，随事箴规③，岂不成一代之明君乎！

【注释】

①此则故事出自《资治通鉴》卷第二百四十一唐纪五十七。

②穆宗（795—824）：唐穆宗李恒。宪宗第三子。宪宗死后为宦官王守澄等拥立为帝。喜欢宴游，怠于国事，亲信奸佞，疏远忠臣。河朔复失，藩镇割据加剧。后服金丹致死。翰林学士：官名。唐玄宗开元初以张九龄、张说、陆坚等掌四方表疏批答、应和文章，号"翰林供奉"，与集贤院学士分司起草诏书及应承皇帝的各种文字。德宗以后，翰林学士成为皇帝的亲近顾问兼秘书官，常值宿内廷，承命撰拟有关任免将相和册后立太子等事的文告，有"内相"之称。唐代后期往往即以翰林学士升任宰相。柳公权（778—865）：唐朝官员、书法家。字诚悬，京兆华原（今陕西铜川）人。元和进士，历任翰林书诏学士、工部侍郎等，官至太子太师。遇事敢言，有诤臣风。研习诸家书法，以楷书见长，世称"柳体"。

③箴规：劝诫规谏。

屏书政要 唐宣宗

唐史纪^①：宣宗尝以太宗所撰《金镜录》授翰林学士令狐绹^②，使读之。至"乱未尝不任不肖，治未尝不任忠贤"，上止之，曰："凡求致太平，当以此言为首。"又书《贞观政要》于屏风^③，每正色拱手而读之^④。

唐宣宗

李振綯

【解】

唐史上记，宣宗有志法祖图治⑤。他的祖太宗曾将前代治乱兴亡的事迹编成一书，叫做《金镜录》。宣宗一日将这部书授与翰林学士令狐绹，着他在面前诵读。这书中有两句说道："乱未尝不任不肖，治未尝不任忠贤。"说古来天下因甚么就乱亡？只为朝廷错任用了那不好的人。他心心念念罔上行私，行的都是蠹国殃民的事。用了这样人，天下安得不乱？天下因甚么就平治？只为朝廷能任用着那忠良之臣。他心心念念，竭忠事主，行的都是要福国利民的事。若常用这样人，天下安得不治？宣宗听得令狐绹读到这两句言语，喜其切中事理，就止住他且莫读，说道："大凡人君要求致太平，须要把这两句说话做第一件紧关的事，着实审察，辨别其孰为君子，孰为小人。果然是奸邪的小人，就当斥远了他；果然是忠贤的君子，就当专心信任他。天下岂有不太平的道理？"又见他先朝有《贞观政要》一书，是当年史臣吴兢编载太宗与贤臣魏徵等图治的事迹⑥，遂把来写在屏风上，常时正色拱手，一一诵读。盖以为师法而效仿之也。

夫观宣宗留心法祖图治，其切如此，真近代帝王盛事。所以当时称为"小太宗"，岂虚也哉！

【注释】

①此则故事出自《资治通鉴》卷第二百四十八唐纪六十四。

②宣宗：唐宣宗李忱（810—859）。公元846—859年在位。宪宗子。初名怡，封光王。武宗死后为诸宦官拥立为帝。即位后勤于政事，从谏如流。这一时期国家相对安定，史称"大中之治"，李忱也被称为"小太宗"。《金镜录》：疑即《千秋金鉴录》。唐张九龄撰。五卷十章。九龄于玄宗生辰节上此文以申讽谕。令狐绹（táo，约796—874）：唐代宰相。京兆华原（今陕西铜川）人，字子直。大和进士。宣宗时任宰相，在相位近十年。

③《贞观政要》：唐吴兢撰。四十篇，合为十卷。是一部政论性的历史文献，作者分类编辑了贞观年间（627—649）唐太宗李世民与名臣魏徵、房玄龄、虞世南等四十五人的问答、大臣的诤议和所上劝谏的奏疏以及记载政治的一些重大措施，比较全面地反映了唐太宗时君臣论政的情况，保存了许多有关贞观政事的资料，是研究唐初政治的重要参考书。

④正色：谓神色庄重、态度严肃。

⑤法祖：效法先祖。

⑥吴兢（670—749）：唐代史学家。字西斋，汴州浚仪（今河南开封）人。武则天时，经魏元忠、朱敬则推荐，诏直史馆，编修国史。天宝初，入为恒王傅。初与刘知几等撰《武后实录》，所述张昌宗诱张说陷害魏元忠事，直书不讳，后张说为相，屡请更改，均被其拒绝，世称"良史"。撰有《贞观政要》等。

焚香读疏 唐宣宗

　　唐史纪[①]：宣宗乐闻规谏。凡谏官论事，门下封驳[②]，苟合于理，常屈意从之[③]。得大臣章疏，必焚香盥手而读之。

焚香諧跪

唐宣宗

【解】

　　唐史上记，宣宗励精求治，乐闻臣下箴规谏诤之言。凡谏官议论政事，及门下省给事中等官④，遇诏救之出，以为不可而论驳封还者，苟所论所驳有合于理，则自己虽以为是，亦每屈己意以从之，未尝偏执。每得大臣所奏的章疏，必焚香洗手，致其诚敬，而后展读。

　　夫忠言逆耳，庸主所不乐闻。然使规谏尝闻，则政事无缺，实可乐也。宣宗乐于闻谏，屈于从人，可谓明矣！至于大臣，涉历既多，虑事尤熟，又非庶官之比⑤，故读其章疏，必加诚敬。盖诚敬则精神收敛，精神收敛则意见精详⑥，可以察其言之当否，以为施用，非徒敬其章疏而已也。宣宗图治若此，故大中之政⑦，人思咏之，以为继美太宗。岂不足为贤君哉！

【注释】

①此则故事出自《资治通鉴》卷第二百四十九唐纪六十五。

②门下："门下省"的省称。官署名。掌受天下之成事、审查诏令、驳正违失、受发通进奏状、进请宝印等。其长官初名侍中，后又或称左相、黄门监等。封驳：封还驳回。

③屈意：委屈心意。犹屈就、迁就。

④给事中：官名。秦汉为列侯、将军、谒者等的加官。侍从皇帝左右，备顾问应对，参议政事，因执事于殿中，故名。隋唐以后为门下省之要职，掌驳正政令之违失。

⑤庶官：百官。多指一般官员。

⑥意见：识见。

⑦大中：唐宣宗年号，使用时间为公元847—860年。

敬受母教　宋太祖

宋史纪①：太祖尊母南郡夫人杜氏为皇太后②。太祖拜殿上，群臣称贺。后愀然不乐③。左右进曰："臣闻母以子贵，今子为天子，胡为不乐？"后曰："吾闻'为君难'。天子置身兆庶之上④，若治得其道，则此位可尊。苟或失驭⑤，求为匹夫不可得，是吾所以忧也。"太祖再拜，曰："谨受教。"

皇太后

宋太祖

【解】

　　宋史上记，太祖既即帝位，尊母杜氏为皇太后。太祖拜上尊号，群臣皆称贺。太后愀然有忧愁不乐之色。左右之人问说："臣闻母以子贵，今子既为天子，太后为天子之母，其贵无以加矣！何故反有不乐？"太后说："吾闻古人说'为君难'。盖为天子者，置其身于亿兆众庶之上，若治之有道，则民皆爱戴，而尊位可以常保；倘或治失其道，以致兆庶离叛，则虽求为匹夫，亦不可得矣！今我子虽为天子，吾方忧天位之难居，岂可以为乐乎！"太后这说话，虽是告群臣，实有儆戒太祖之意。故太祖即再拜谢，说："谨当受教。"

　　自是即位之后，夙夜畏惧，窒欲防非[6]，重道崇儒，缓刑尚德，以忠厚立国，推赤心置人[7]。故能削平僭乱，创业垂统。於戏[8]，若宋太祖者，可谓大孝矣！

【注释】

①此则故事出自《宋史·后妃列传》。

②太祖（927—976）：宋太祖赵匡胤。宋王朝建立者。960—976年在位。涿州（今属河北）人。初投郭威帐下，参预拥立郭威为帝，重用为典掌禁军。周世宗柴荣时升任殿前都点检。柴荣死，子宗训年幼即位，他乘机于显德七年（960）发动陈桥兵变，在士兵拥立下黄袍加身，创建宋朝。杜氏（902—961）：宋太祖、太宗母。定州安喜（今属河北）人。谥昭宪皇后。

③愀（qiǎo）然：忧愁貌。

④兆庶：犹言兆民。

⑤失驭：同"失御"，失去驾驭。指丧失统治能力。

⑥窒欲：抑制欲望。窒，抑制，遏止。

⑦赤心：赤诚的心。置：通"德"。

⑧於戏：犹呜呼。感叹词。

解裘赐将 宋太祖

宋史纪[①]：王全斌之伐蜀也[②]，属汴京大雪[③]。太祖设毡帷于讲武殿，衣紫貂裘帽以视事[④]。忽谓左右曰："我被服如此[⑤]，体尚觉寒，念征西将士，冲冒霜雪，何以堪处？"即解裘帽，遣中使驰赐全斌[⑥]，仍谕诸将曰："不能遍及也！"全斌拜赐感泣，故所向有功。

解衣賜將

宋太祖

【解】

　　宋史上记，太祖遣大将王全斌帅师征蜀。时冬月天寒，京城大雪。太祖设毡帏于讲武殿中，身穿着紫貂裘，头戴着紫貂帽，临朝视事。忽然谓左右说："我穿戴这般样温暖的物，身上尚觉寒冷，想那西征的将士，冲冒霜雪，又无有这样衣服，怎么当得这等寒冷！"即时将所服的裘帽解下，遣中使马上赍去赐与全斌，又晓谕他部下的将士说："诸将寒苦，朝廷无不在念。奈裘帽有限，不能人人遍及也。"于是全斌拜受赐物，感激泪下。诸将亦皆感激，相与戮力图报⑦。故所向皆捷，卒能平定西蜀。

　　夫宋太祖有解衣之恩及于将帅，遂能得其死力，成功如此。可见人主要边将成大功，不可不体其情，厚其赏，以劝之也。

【注释】

①此则故事出自《续资治通鉴长编》卷五太祖乾德二年。

②王全斌（908—976）：北宋将领。并州太原（今属山西）人。乾德二年（964）任西川行营前军都部署，受命攻蜀，连战皆捷，直克剑门。次年入成都，灭后蜀。以纵兵掠夺，残杀无辜，激起蜀中军民反抗，遂被贬黜。轻财重士，宽厚容众，人乐为用。

③汴京：五代梁、晋、汉、周以及北宋的都城。在今河南开封。

④视事：就职治事。多指政事言。

⑤被（pī）服：穿着。

⑥中使：宫中派出的使者。多指宦官。

⑦戮（lù）力：勉力，尽力。

碎七宝器 宋太祖

宋史纪[①]：太祖尝见蜀主孟昶宝装溺器[②]，命撞碎之，曰："汝以七宝饰此[③]，当以何器贮食？所为如是，不亡何待！"

宋太祖

【解】

　　宋史上记，太祖平蜀之后，曾见蜀主孟昶有一个溺器，是七样宝贝装成的。太祖见了大怒，命左右打碎之，说道："七宝是珍贵之物，就做饮食之器，也是奢侈不该的！汝却把来装饰溺器，不知又用何等的器皿去盛饮食？其侈用暴殄，一至于此④，欲家国不至败亡，岂可得乎？"

　　夫太祖为创业之君，其言真足以垂戒万世！人君推此，件件都该崇尚朴素，乃为爱惜福禄、保守国家之道也。

【注释】

①此则故事出自《宋史·太祖本纪》。

②孟昶（chǎng，919—965）：五代后蜀国君。公元934—965年在位。字保元，初名仁赞。邢州龙冈（今河北邢台）人。后蜀高祖孟知祥第三子。在位三十二年，与民休息，劝农恤刑，兴文求治。因此当中原动乱之时，蜀中尚得安定。统治后期奢侈淫靡，先后遭受后周、宋军攻击。乾德三年（965）宋将王全斌入成都，他降宋，被俘送开封，封为秦国公。宝装：用珠宝加以装饰。溺器：盛小便的器物。

③七宝：佛教语。七种珍宝。泛指多种宝物。

④一至于此：竟然到了这种地步。一，竟，竟然。

受言书屏 宋太祖

　　宋史纪[①]：太祖征处士王昭素为国子博士[②]。召见便殿[③]，年七十余矣。令讲《乾》卦，至"九五飞龙在天"，昭素援引证据，因示讽谏微旨。太祖大悦。问治世养身之术，对曰："治世莫若爱民，养身莫若寡欲。"太祖爱其言，书于屏几。

宋太祖

王晏素

治世莫若愛民
養身莫若寡欲

【解】

宋史上记，太祖之时，有个处士姓王名昭素。太祖素知他有学行，征聘他来做国子监博士。既至，召他进见于便殿。此时昭素年七十余岁矣。太祖命他讲《易》经的《乾》卦，至第五爻"飞龙在天"，乃是人君之象。昭素讲论君道，援引古时帝王以为证据，遂阴寓讽动劝谏的意。太祖见他忠直，大喜悦他，就问他治天下与养身的道理。昭素对说："治天下莫如爱恤百姓，养身体莫如寡少嗜欲。"盖民为邦本，本固则邦宁。故治国之道，莫如爱民也。欲为身害，欲少则身安。故养身之道，莫如寡欲也。太祖爱他说得有理，将这两句言语，书于屏风及几案上，欲时时警省，不致遗忘也。

然寡欲爱民固皆致治之要，而寡欲一言，又为爱民之本。盖自古百姓不安，皆因人主多欲。或好兴土木，或恣意声色，或妄开边衅，或求珍奇玩好之奉，或耽驰骋游幸之娱[4]。此等事皆不免伤民之财，劳民之力。上之所欲无穷，下之所需难继，以致海内骚然，百姓怨叛，而君身不可保矣！以是知人主必爱身，乃可以爱民；而安百姓，亦所以安其身也。

【注释】

①此则故事出自《续资治通鉴长编》卷十一太祖开宝三年。

②王昭素：北宋开封酸枣（今河南延津）人。少时笃学不仕，品行卓绝，为乡里所称。博通"九经"，精研老庄、《诗经》和《易经》。七十七岁时应诏赴阙，宋太祖拜其为国子博士，赐茶药及钱二十万，让他回家养老。国子博士：官衔名。国子监博士之简称。宋朝为文臣迁转官阶，掌训导监生等。

③便殿：正殿以外的别殿。为古时帝王休息消闲之处。

④耽：玩乐，沉湎。

戒主衣翠　宋太祖

　　宋史纪[①]：永宁公主尝衣贴绣铺翠襦入宫中[②]。太祖谓曰："汝当以此与我，自今勿复为此饰。"公主笑曰："此所用翠羽几何？"太祖曰："不然。主家服此[③]，宫闱戚里必相效[④]。京城翠羽价高，小民逐利，展转贩易[⑤]，伤生浸广[⑥]，实汝之由。汝生长富贵，当念惜福，岂可造此恶业之端？"公主惭谢。

太宰室

宋太祖

【解】

宋史上记，太祖的女永宁公主，曾穿一领贴金铺翠的襦（襦，短衣也）入宫中。太祖嫌其奢侈，向公主说道："汝可解此襦与我。自今以后，再不要如此装饰。"公主笑说："此襦所用翠羽几多，而官家以为过费⑦。"太祖说道："我之意非专为汝一襦而惜也。主家既穿此衣，宫中妃嫔及皇亲贵戚每看见，必都相仿效，所用翠羽必多，京城中翠羽之价必贵。百姓每逐利，见此物可以取利，必然都去捕捉那翠鸟，展转贩卖，杀生害命。皆汝此衣有以致之，其罪过多矣！汝生长富贵，不知艰苦，须当思爱惜受用，以图长久，岂可造此恶业之端，自损己福耶！"公主见太祖说得激切，乃惶恐谢罪。

夫宫闱之好尚，系四方之观法⑧。古语说道："宫中好高髻，四方高一尺；宫中好广眉，四方且半额；宫中好大袖，四方至匹帛⑨。"言好尚之不可不慎也。若宫闱之中，服饰华丽，用度奢侈，则天下化之，渐以成风。坏风俗，耗财用，折福损寿，其害有不可胜言

者矣，岂但如宋祖所谓戕害物命而已哉！大抵创业之君，阅历艰辛，唯恐享用太过。后世子孙，且有鄙而笑之者矣⑩！吁！可不戒哉！

【注释】

①此则故事出自《续资治通鉴长编》卷十三太祖开宝五年。
②永宁公主：太祖女。襦（rú）：短衣，短袄。襦有单、复，单襦则近乎衫，复襦则近袄。
③主家：公主之家。
④宫闱：帝王的后宫，后妃的住所。
⑤展转：形容经过多种途径，非直接的。贩易：贩卖，交易。
⑥伤生：伤害生命。浸广：更加多。浸，引申为日益，更加。
⑦官家：旧时对皇帝的称呼。
⑧观法：观摹效法。
⑨"宫中好高髻"几句：语出《东观汉记·马廖传》。
⑩鄙：鄙视，轻蔑。

竟日观书 宋太宗

　　宋史纪^①：太宗勤于读书^②，自巳至申^③，然后释卷。诏史馆修《太平御览》一千卷^④，日进三卷。宋琪以劳瘁为谏^⑤，帝曰："开卷有益，不为劳也。朕欲周岁读遍是书耳。"每暇日，则问侍读吕文仲以经义^⑥，侍书王著以笔法^⑦，葛湍以字学^⑧。

竟日觀書

宋太宗

宋琪

【解】

　　宋史上记，太宗勤于读书，每日从巳时看书起，直到申时，然后放下书卷。诏史馆儒臣，采辑古今事迹，纂修成一书，叫做《太平御览》。共有一千卷，每日进三卷。太宗观览，日日如此。其臣宋琪以看书勤苦，恐劳圣体为劝。太宗说："天下古今义理，尽载书卷中。但开卷观看，就使人启发聪明，增长识见，极有进益。虽每日读书，自是心里喜好，不为劳苦也。朕要一年之内，读完这一千卷书，故须一日三卷，乃可读完耳。"每遇闲暇无事日还不肯错过，就召翰林侍读吕文仲，问他以经书上的义理；召侍书王著，问他以写字的笔法；召葛湍，问他以字学训解⑨。

　　夫自古圣人，虽聪明出于天赋，莫不资学问以成德⑩。盖古今治乱兴衰，天下民情物理，必博观经史，乃可周知；必勤于访问，乃能通晓。故明君以务学为急，正为此也。观宋太宗勤学好问、不以为劳若此，其能为太平令主而弘开文运之盛⑪，有由然哉⑫！

【注释】

①此则故事出自《续资治通鉴长编》卷二十四太宗太平兴国八年。

②太宗（939—997）：宋太宗赵炅。原名匡义，又名光义。太祖弟。976—997年在位。在位期间继续加强专制主义中央集权，大量增加进士科中式名额，多用文人执政，纂修《太平御览》等书，形成"重文"风气。

③自巳至申：从巳时到申时。巳时，上午九时至十一时。申时，下午三时至五时。

④《太平御览》：古代类书。又名《太平总类》《太平类编》《太平编类》。宋太宗命李昉等编纂。本为皇帝阅览而编，成书于太平兴国年间，故名。一千卷，按事分编五十五门，引古书近一千七百种，保存了大量古代文献，是查阅典故资料、辑校古书的大型工具书。

⑤宋琪（917—996）：北宋宰相。幽州蓟县（今属天津）人，字叔宝。契丹会同进士，后仕宋任开封府推官，为府尹赵光义（即宋太宗）所赏识。后因与赵普交往，为光义所恶，出知龙州。太宗即位，仍不见用，因请悔过自新。太平兴国

八年（983），一岁中四迁至尚书。熟知契丹事务，献策收复幽蓟。劳瘁：辛苦劳累。

⑥侍读：古代官名。为帝王、皇子讲学之官。其职务与侍读学士略同，然级别较其为低。宋有翰林侍读之官，明清沿置翰林院侍读。亦作为侍读学士之省称。吕文仲（？—1007）：北宋官员。字子臧。歙州新安（今安徽祁门）人。入宋为翰林侍读，参与编修《太平御览》《太平广记》《文苑英华》。富词学，器韵淹雅。

⑦侍书：官名。侍奉帝王、掌管文书的官员。宋明为翰林院属官。王著（？—990）：北宋文臣、书法家。成都（今属四川）人，字知微。宋太宗太平兴国中为翰林侍书兼侍读，更直于御书院。官终殿中侍御史。太宗从其学书法。其书有家法，善草、隶诸体，笔迹秀媚，独步一时。所编《淳化阁帖》被称为"法帖"之祖。笔法：书法术语。写字时用笔的方法，包括执笔和运笔技巧。

⑧葛湍：北宋文臣。江东人。宋太宗时为翰林学士，太宗问其以字学。曾校订《说文》。字学：小学，文字学。

⑨训解：训释解说。

⑩资：凭借，依靠。

⑪文运：文学的气运。

⑫由然：原委，来由。

引衣容直　宋太宗

宋史纪[①]：寇准为枢密直学士[②]，尝奏事殿中。语不合，太宗怒起。准辄引帝衣请复坐[③]，事决乃退。太宗嘉之曰："朕得寇准，犹文皇之得魏徵也[④]。"

宋太宗

寇準

【解】

宋史上记，宋太宗以寇准为枢密院直学士。寇准为人，忠直敢言。一日奏事殿上，不合太宗的意思，太宗发怒起去，欲罢朝回宫。寇准即上去扯住太宗的袍服，请太宗复还御座，决断其事，务要听其言才罢。太宗见他这般鲠直，反嘉美他说道："朕得寇准，如唐太宗之得魏徵也。"

夫人臣奏事忤旨⑤，至于牵引上衣以尽其说。为君者若不谅他忠直之心，必以为不敬而怒斥之矣！今太宗不惟不斥，且叹美之。其容人之度如此，所以能使臣下尽言，政事少过，而为宋之贤君也。如太宗者，真无愧于文皇矣！

【注释】

①此则故事出自《宋史·寇准列传》。

②寇准（961—1023）：北宋政治家。华州下邽（今陕西渭南）人，字平仲。太平兴国进士。景德元年（1004）为相，主张练师选将，防御契丹。是年冬，契丹南攻，他力排众议，阻止南迁、西撤，敦促真宗亲赴澶州（今河南濮阳）督战。取得战争胜利，与辽订立澶渊之盟。后贬雷州（今属广东），死于贬所，追谥忠愍。枢密直学士：宋辽时期设置的随侍皇帝以备质询并执掌枢密军政文书的枢密院官职。

③引：牵引，拉。

④文皇：此指唐太宗李世民。因太宗谥文武大圣皇帝，故称。

⑤忤旨：违逆皇帝的意旨。

改容听讲 宋仁宗

　　宋史纪[1]：仁宗初年[2]，宰相王曾以帝初即位[3]，宜近师儒[4]，乃请御崇政殿西阁[5]，召侍讲学士孙奭、直学士冯元讲《论语》[6]。初诏双日御经筵，自是虽只日[7]，亦召侍臣讲读。帝在经筵[8]，或左右瞻瞩[9]，及容体不正[10]，奭即拱立不讲[11]。帝为竦然改听[12]。

【解】

　　宋史上记，仁宗初年，宰相王曾以帝新即位，当亲近师儒之官，读书勤学，以涵养圣德。乃请临御崇政殿西阁，召侍讲学士孙奭、直学士冯元进讲《论语》。起初，定以双日御经筵，后来以学问不宜间断，虽是单日，也召侍臣讲读。帝在经筵讲读时，或偶然左右观看别处，或容体少有不端，孙奭即端拱而立，停住不讲。盖恐帝心不在书上，虽讲无益也。仁宗见奭这等诚恳，那怠惰的意思即时收敛，为之竦然改听。

　　夫仁宗天资本是粹美^⑬，又有贤宰相辅导向学，当时讲官复尽心开发，一些不肯放过。仁宗能敬信而听从之，所以养成盛德，恭俭仁恕，始终如一，而为有宋一代之贤君也。

【注释】

①此则故事出自《续资治通鉴长编》卷九十九真宗乾兴元年。

②仁宗：宋仁宗赵祯（1010—1063）。真宗子。1022—1063年在位，为宋朝在位时间最长的皇帝。即位初，由刘太后听政。明道二年（1033）亲政。起用范仲淹等进行改革，史称庆历新政。他在位期间北宋经济繁荣，文化也得到了很大发展，史称"庆历盛治"。

③王曾（978—1038）：北宋宰相。青州益都（今属山东）人，字孝先。仁宗即位，拜同中书门下平章事，居相位多年，颇为朝廷倚重。后以裁抑刘太后姻亲，出知青州。仁宗亲政后复拜相。

④师儒：指儒者、经师。

⑤御：指皇帝临幸至某处。

⑥侍讲学士：官名。唐始设，初属集贤殿书院，职司撰集文章、校理经籍。宋时由他官之有文学者兼任，如邢昺以国子祭酒为侍讲学士。属翰林学士院。孙奭（962—1033）：北宋文官。博州博平（今山东茌平西）人，字宗古。仁宗时为翰林侍讲学士，判国子监，修《真宗实录》。以

太子少傅致仕。直学士：官名。唐置。凡官资较浅者，初入直馆阁，为直学士，班在学士下，待制上。冯元（975—1037）：北宋文臣。字道宗，南海（治今广东广州）人。先后为真宗、仁宗讲论经义，裨益良多。仁宗时累官户部侍郎。《论语》：书名。由孔子弟子和再传弟子记录整理而成。内容记载了孔子及弟子的言语行事，集中反映了孔子的政治主张和教育思想。

⑦只日：单日。

⑧经筵：汉唐以来帝王为讲论经史而特设的御前讲席。宋代始称经筵，置讲官以翰林学士或其他官员充任或兼任。以每年二月至端午节、八月至冬至节为讲期，逢单日入侍，轮流讲读。

⑨瞻瞩：观看，注视，看视。

⑩容体：容貌体态，身体。

⑪拱立：肃立，恭敬地站着。

⑫竦然：恭敬貌。

⑬天资：资质，禀赋。粹美：纯洁善良。

受无逸图 宋仁宗

　　宋史纪[①]：龙图阁学士孙奭[②]，尝画《书·无逸》为图以进。上命施于讲读阁。及作迩英、延义二阁成，又命蔡襄写《无逸》篇于屏[③]。

無逸周公曰嗚呼君子所其無
逸先知稼穡之艱難乃逸
則知小人之依相小人厥
父母勤勞稼穡稼穡之艱
難乃逸乃諺乃不
既知稼穡之艱難乃逸
人無聞知周公曰昔之
誕否則侮厥父母曰昔之
聞曰昔在殷王中宗嚴恭
寅畏天命自度治民祗懼
不敢荒寧肆中宗之享國
七十有五年其在高宗時
舊勞于外爰暨小人作其
即位乃或亮陰三年不言
其惟不言言乃雍不敢

蔡襄

宋仁宗

【解】

　　宋史上记，仁宗时有龙图阁学士孙奭，日侍讲读。每至前代治乱，必反覆规讽④。尝取《书经·无逸》篇中所载古帝王勤政恤民的事迹，画作一图，叫做《无逸》图，进上仁宗，欲其知所法也。仁宗喜之，命挂在讲读阁里，日日观览。其后，新造迩英、延义二阁成，又命馆阁校勘蔡襄⑤，把《无逸》一篇写在二阁之屏上，使随处皆得观览。

　　夫《无逸》一书，乃周公告成王的说话⑥，大意欲成王知稼穑，勤政事，兢兢业业不敢自安。能如此，则福祚绵长；不如此，则寿命短促。因举商中宗、高宗、祖甲、周太王、王季、文王以为法⑦，商纣以为戒⑧。其言深切恳至，实万世人言之龟鉴也。仁宗既受孙奭之图，又命蔡襄书之，盖必有味其言矣！则其观后苑之麦、忍中夜之饥⑨，孰非自此书中得来？所以明君以务学为急。

【注释】

①此则故事出自《宋史·儒林列传》。

②龙图阁学士：职名。北宋时多为翰林学士兼职或翰林学士别授差遣者除授。品位正三品，班位在枢密直学士之上，不定员。龙图阁在会庆殿西偏，北连禁中，阁上以奉太宗御书、御制文集及典籍、图画、宝瑞之物，及宗正寺所进属籍、世谱。有学士、直学士、待制、直阁等官。

③蔡襄（1012—1067）：北宋名臣。兴化军仙游（今属福建）人，字君谟。天圣进士。庆历间知谏院，以直言著称。后数度外出，历知福州、泉州、开封府、杭州等。精吏治，所到之处有政绩。工书，为"宋四家"之一。

④规讽：规劝讽谕。

⑤馆阁校勘：职名。编校书籍初入馆职，则为馆阁校勘。简称校勘官。职掌在馆供职，校对书籍。品位馆职之最低等。位于校理之下。由京官充任，无定员。

⑥周公：西周初期政治家。姓姬名旦，也称叔旦。文王子，武王弟，成王叔。辅武王灭商。武王崩，成王幼，周公摄政。东平武庚、管叔、蔡

叔之叛。继而厘定典章制度，复营洛邑为东都，作为统治中原的中心，天下臻于大治。后多作圣贤的典范。成王：即西周成王姬诵。文王之孙，武王之子。武王死时年幼，由叔父周公旦摄政，安定大局。亲政后，继续大封诸侯，加强宗法统治权力；又委任周公制礼作乐，规划各项典章制度。

⑦商中宗：商朝国君，名祖乙。据甲骨卜辞为中丁之子，继叔父河亶甲而立。商朝在河亶甲时，国势衰落，他即位后，由相（今河南内黄东南）迁都于邢（今河北邢台），再迁于庇（今山东郓城）。任名臣巫贤为相，平服东夷，国势复振。在位十九年。祖甲：商朝国君。武丁次子。有兄祖庚。武丁初欲废长立幼，遭贵族反对，他也以此为不义，遂逃亡于民间。后继祖庚而立。周太王：即古公亶父。商朝时周族首领。周文王祖父。姬姓。相传为后稷第十二代孙。即位后，复修后稷、公刘之业，积德行义，深得国人爱戴。附近诸国闻其治国有方，亦大都归附。周自此开始强盛，故被其后代追尊为"太王"。王季：商朝时周族君长。姬姓，一作"季历""公季"，周太王古公亶父少子，文王之父。古公立

为嗣，故又称"太子季""太子历"。即位后，修古公遗道，积极扩展势力。又主动朝商，并与商贵族任氏通婚，注意吸收商文化。在商王朝支持下，他连年对周围戎狄部落发动战争，曾俘鬼戎二十翟王。商王太丁（又作文丁）封他为"牧师"，掌西方诸侯。

⑧商纣：商朝末代国王。子姓，名受，一作"辛"，称"帝辛"。帝乙之子。史称暴虐无道，诸侯百姓多叛。比干谏之，不听。周武王伐之，他发兵七十万以拒，决战于牧野（今河南淇县），兵败赴火自焚而死。

⑨后苑：此指宫中的花园。

不喜珠饰 宋仁宗

　　宋史纪[①]：仁宗宫中颇好珠饰，京师珠价腾涌[②]。上患之。一日上在别殿，妃嫔毕集。所幸张贵妃至[③]，首饰皆珠。上望见，举袖掩面曰："满头白纷纷地，没些忌讳。"贵妃惭，起易之。上乃悦。自是禁中更不戴珠，珠价大减。

張貴妃

宋仁宗

【解】

　　宋史上记，仁宗时，宫中人好以珠为首饰，采买者多，因此京师中珍珠登时长起价来④。仁宗恐宫中相尚不已⑤，风俗趋于侈靡，思量要革他⑥。一日在别殿上游赏，诸妃嫔每都在左右。有个宠幸的张贵妃到来，头上的首饰都是珍珠。仁宗望见，故意把袖子遮了脸不看他，说道："满头插得白纷纷地，近于不祥之象，好没些忌讳。"张贵妃惭愧，慌忙退去，摘下珍珠首饰，换了别样首饰来。仁宗方才喜悦。从此宫中人只说仁宗厌忌此物，再不敢戴他。京师里珠价登时大减。

　　夫珠玉珍宝，饥不可食，寒不可衣，而铢两之间⑦，其价不赀⑧。糜费民财以供一时之玩，何益于用？故明君贵五谷而贱珠玉，盖不以无益害有用也。然亦系于人主之好尚何如。观仁宗一言而珠价顿减，岂待于法制禁令哉？

【注释】

①此则故事出自宋人撰《皇宋中兴两朝圣政辑校》卷之五十四《孝宗皇帝十四》。

②腾涌：比喻物价腾贵。

③张贵妃（1024—1054）：宋仁宗赵祯的宠妃。河南永安（今河南巩义）人。出身清河张氏，作为良家子选为御侍。深得宠爱，先后受封清河郡君、才人、修媛、美人、贵妃，生下安寿公主、宝和公主、齐国公主。皇祐六年（1054）去世，宋仁宗伤心不已，追封皇后，谥号温成。

④登时：立即，立刻。

⑤相尚：相互推崇。

⑥革：更改，变革。

⑦铢两：一铢一两。引申为极轻的分量。

⑧不赀：形容十分贵重。赀，估量，计算。

纳谏遣女 宋仁宗

　　宋史纪[①]；仁宗时，王德用进二女[②]。王素论之[③]，上笑曰："朕真宗子[④]，卿王旦子[⑤]，有世旧，非他人比。德用实进女，然已在朕左右，奈何？"素曰："臣之忧，正恐在陛下左右耳。"上动容，立命宫官遣女。素曰："陛下既不弃臣言，亦何遽也[⑥]？"上曰："朕若见其人留恋不肯行，恐亦不能出矣。"顷之，宫官奏宫女已出内东门，上乃起。

納諫遣女

宋宗

【解】

宋史上记，仁宗时，王德用判定州⑦，曾取两个女子献入后宫，以悦仁宗之心。仁宗就收留在后宫，这是仁宗差处。那时谏官王素闻知⑧，即奏此女不可收留，劝仁宗去之。仁宗笑对王素说："朕乃真宗之子，卿乃宰相王旦之子。卿父辅佐我父皇，君臣相得。则朕与卿有世好之旧，与别的群臣不同，只得实与卿说。这两个女子，委的是王德用进的⑨。但朕已误纳，现在左右服事了⑩，如何去得？"王素奏说："陛下以此女在左右为不可去，不知臣之所忧正恐此女在陛下左右，蛊惑圣心，有累圣德，所以劝陛下去之耳。"仁宗一闻此言，遂自悟其失，竦然动容，即时命宫官打发二女出宫。王素奏说："陛下既已听臣言，少待陛下还宫从容遣之亦无妨，何必如此急遽？"仁宗说道："待我还宫时，万一此女有留恋不肯去的意思，我那时为情所牵，恐也遣他不成了。不如趁今遣之为易。"少时宫官来奏，二女子已出内东门去讫，仁宗方才退朝。

夫宫禁之事⑪，乃人主之所讳言，而房帷之爱⑫，又人情之所牵恋。今仁宗既纳二女，已经进御，一旦闻王素之谏，即开诚直告，略无回互⑬；割舍所爱，不少迟留，可谓从谏之速而改过之勇矣。此真盛德事也。

【注释】

①此则故事出自《宋史·王素列传》及宋邵博撰《邵氏闻见后录》等。

②王德用（979—1057）：北宋名将。郑州管城（今河南郑州）人，字元辅。少以先锋从父超击李继迁，有战功。仁宗时历判数州府，拜同中书门下平章事。反对以阵图指挥战争。治军有方，善抚部卒，有名边地，人称"黑王相公"。

③王素（1007—1073）：北宋官吏。大名莘县（今属山东）人，字仲仪。王旦之子。天圣五年（1027），通过考试进入学士院，赐进士出身。累迁太常博士。御史中丞孔道辅荐其为侍御史。后道辅遭贬，素亦出知鄂州（今湖北武昌）。在鄂，素取消了计口售盐制度，鄂人感其德。仁宗时为谏官，以遇事敢言知名。

④真宗：宋真宗赵恒（968—1022）。太宗子。997—1022年在位。即位初，勤于政事，因契丹威胁，重兵戍边。景德元年（1004）辽大举攻宋，在宰相寇准促使下亲征，订澶渊之盟，以岁币换取苟安。后用王钦若计，伪造天书，大兴祥瑞，东封泰山，西祀汾阴，以求巩固统治。复任用丁谓，广建宫观，粉饰太平，劳民伤财。终使国用日窘，社会矛盾加剧。

⑤王旦（957—1017）：北宋宰相。大名莘县（今属山东）人，字子明。太平兴国进士。以著作佐郎预编《文苑英华》。景德中拜相。居宰府十二年，以"务行故事"为要。多提拔端重之士。寇准对其屡有非议，他却极力荐准继相位。曾拒绝契丹、西夏钱粟之求；但对真宗封禅、"天书"等活动，不持异议，以固权位。

⑥遽：急，速。

⑦判：署理。定州：州名。治今河北定州。

⑧谏官：掌谏诤的官员。

⑨委的：的确。

⑩服事：犹服侍。

⑪宫禁：借指帝王后妃。

⑫房帷：指宫闱、宫中。

⑬回互：犹豫，考虑。

天章召见 宋仁宗

　　宋史纪①：仁宗幸龙图天章阁②，以手诏问辅臣及御史中丞以上时政阙失③，皆给笔札，令即坐以对。时翰林学士张方平条对四事④，帝览奏惊异，诘旦更赐手札⑤，问诏所不及者。侍御史何郯乞诏两制臣僚⑥，自今有闻朝政阙失，并许上章论列⑦。帝嘉纳之。

天章召見

張安平

宋

【解】

　　宋史上记，仁宗曾临幸龙图天章阁，召见辅弼大臣及御史中丞以上。因出手诏，问诸臣以时政欠阙差失处，都给与纸笔，着他就坐上开写以对。当时诸臣皆有奏答，内翰林学士张方平，条答汰冗兵、退剩员、慎磨勘、择将帅四事⑧。帝见其所言切于治道，深加惊叹。明日早，又赐手敕，询问他昨日诏书上所不及的事，着他一一奏来。又有侍御史何郯，上言翰林管内外制文的诸臣，原是为备顾问而设，乞诏谕他，今后但是朝政有阙失，得于见闻之真者，并许他上疏论列，直言无隐，以助圣化。仁宗因何郯说的有理，也欣然从之。

　　盖仁宗求治之心甚切，故引见群臣，面加咨询，使之条对，惟恐忠谋谠论不得上达⑨。及闻张方平等直言，又复虚心延访，嘉奖听受。所以那时朝政修举⑩，海内治平，为宋朝守成之令主也。

【注释】

①此则故事出自《续资治通鉴长编》卷一百六十三仁宗庆历八年。

②龙图天章阁：龙图阁和天章阁。

③辅臣：辅弼之臣。后多用以称宰相。

④张方平（1007—1091）：北宋官吏。应天府南京（今河南商丘）人，字安道。仁宗时任翰林学士，敢于直言极谏。

⑤诘旦：次日早晨。手札：犹手书。指亲笔信。

⑥何郯（1005—1073）：字圣从，原籍陵州（今四川仁寿）。仁宗景祐元年第进士。累官龙图阁直学士。以尚书右丞致仕。两制：内制和外制的合称。指翰林学士和中书舍人。

⑦论列：指言官上书检举弹劾。

⑧磨勘：唐宋官员考绩升迁的制度。唐时文武官吏由州府和百司官长考核，分九等注入考状，期满根据考绩决定升降，并经吏部和各道观察使等复验，称"磨勘"。宋代设审官院主持此事。

⑨谠论：正直之言，直言。上达：谓下情达于君上。

⑩修举：谓事务处理及时、得当。

夜止烧羊 宋仁宗

　　宋史纪[①]：仁宗尝语近臣，昨因不寐而饥，思食烧羊。曰："何不取索？"曰："恐遂为例[②]。可不忍一夕之饥，而启无穷之杀？"或献蛤蜊二十八枚，枚千钱，曰："一下箸费二十八千，吾不堪也。"

宋太宗

【解】

　　宋史上记，仁宗一日对近臣说："朕昨夜因睡不着腹中觉饥，想些烧的羊肉吃。"近臣因问说："何不令人取进?"仁宗说："恐膳房因此遂为定例，夜夜要办下烧羊以备取用，则伤害物命必多。岂可恣口腹之欲③，不忍一夕之饥，而忍于杀害无穷之生命乎!"因此遂止。又一日有献蛤蜊二十八枚者，说一枚价直钱千文。仁宗说："这一下箸之间，就费了二万八千文钱。似此享用无度④，我岂能堪?"遂不受其献。

　　仁宗在宋朝，最为仁厚之主。观其不忍于害物如此，则其不忍于伤民可知。故能致治升平而享祚悠久也⑤。

【注释】

①此则故事出自宋魏泰撰《东轩笔录》卷之三及宋陈师道撰《后山谈丛》卷六等。

②遂：副词。于是，就。

③恣：满足，尽情。

④无度：不加节制。

⑤致治：使国家在政治上安定清平。升平：太平。享祚：犹享国。指帝王在位的年数。

后苑观麦 宋仁宗

　　宋史纪[①]：仁宗幸后苑，御宝岐殿观刈麦[②]，谓辅臣曰："朕作此殿，不欲植花卉而岁以种麦，庶知稼穑之不易也。"

宋仁宗

後花園觀麥

【解】

　　宋史上记，仁宗留意农事，宫中后苑里有空地，都使人种麦。又于其地建一小殿，名叫宝岐殿。麦一茎双穗谓之岐。此丰年之祥，最宜宝重③，故以为殿名。每年麦熟时，仁宗亲自临幸后苑，坐宝岐殿看人割麦，谕随驾的辅臣说道④："宫殿前似当栽植花卉以供赏玩。今朕造此殿，独不种花卉，但年年种麦，此是何故？盖以我深居九重，无由知稼穑之艰难，所以种麦于此，要看他耕种耘锄。庶几农家之苦⑤，时时在吾目中也。"

　　大抵四民中⑥，惟农为最苦。春耕夏耘，早作暮息，四体焦枯⑦，终岁勤动，还有不得一饱食者。古人有诗云："锄禾日当午，汗滴禾下土。谁知盘中餐，粒粒皆辛苦⑧。"真可谓格言矣⑨。古之贤君知此，所以极其悯念，力为赈恤⑩，而民卒受其福。后世人主生长富贵，不知稼穑为何物，荒淫佚乐惟恐不暇⑪，而何暇恤农也？仁宗以天子之尊，亲临农夫之事，知惓惓于稼穑如此⑫，则其恭俭仁恕卓越近代⑬，不亦宜乎！

【注释】

①此则故事出自《续资治通鉴长编》卷一百六十六仁宗皇祐元年。

②岐：同"歧"。分支，分岔。刈（yì）麦：割麦。

③宝重：珍惜重视。

④随驾：跟随帝王左右。

⑤庶几：希望。

⑥四民：旧称士、农、工、商为四民。

⑦焦枯：枯黄。

⑧"锄禾日当午"几句：出自唐代李绅《悯农》诗。

⑨格言：含有教育意义可为准则的话。

⑩赈恤：救济，赈济。

⑪佚乐：悠闲安乐。

⑫惓惓：恳切貌。

⑬卓越：高超出众。

轸念流民 宋神宗

宋史纪①：神宗时东北大旱②，诏求直言。郑侠上《流民图》③。疏奏，帝反覆观图，长吁数四，袖以入内④。是夕寝不能寐。翌日，遂命开封体勘新法不便者⑤，凡十有八事，罢之。民间欢呼相贺。是日果大雨，远近沾洽⑥。

【解】

宋史上记，神宗时，行了王安石的新法⑦，扰害百姓，民不聊生。到熙宁七年间⑧，天又大旱，年岁饥荒。东北一带的百姓都流移转徙，死亡离散。其艰难困苦之状，实为可怜。那时有一个官是光州司法参军⑨，叫做郑侠，因考满赴京，在路上看见那流民的模样，心甚不忍，说道："小民这等穷苦，朝廷如何知道？"乃照那样子画一本图形，叫做《流民图》。其中有采树叶、掘草根充饥的，有衣衫破碎、沿途讨吃的，有饿死在沟渠的，有扶老携幼、流移趁食的，有恋土不去、被在官公人比较差徭拷打枷锁的，有拆屋卸房、鬻儿卖女变价纳官的，一一都画将出来。到京之日，将这图本进在御前，奏说："只因新法不善，致的百姓这等，伤了天地的和气，所以久旱不雨。如今要天降雨，须是把新法革去不行才好。"神宗将此图反复看了几遍，才晓得新法之害与民间之苦如此，甚是感伤懊悔，长叹数四，袖了入宫，一夜不能睡着。到明日，传旨着在京开封府官，查那新法为民害者共有一十八件，都罢革不行。当时京城内外的百姓听说如此，以为从此得生，人人欢呼相庆。即日天果大雨，处处田苗俱各沾濡充足⑩。

夫人君一去敝政，便能感动天地如此，可见为民祈祷者，在实政，不在虚文；而祖宗旧法慎不可轻变也。

【注释】

①此则故事出自《宋史·郑侠列传》。

②神宗：宋神宗赵顼（1048—1085）。英宗子。1067—1085年在位。熙宁二年（1069）用王安石为参知政事，进行变法，谋富国强兵，改变"积贫积弱"局面。变法初期，断然废逐阻挠新法的元老旧臣，保证新法实施。死后新法被废弃。

③郑侠（1041—1119）：北宋官吏。福州福清（今属福建）人，字介夫，号一拂居士。少时苦学，为王安石所重。治平进士。熙宁初任光州司法参军。后秩满入京，数次上书言王安石新法之弊。熙宁七年（1074）大旱，他绘《流民图》上神宗，以为灾民疾苦俱由新法，请悉罢之。

④袖：藏于袖中。

⑤体勘：探察。不便：不利。

⑥沾洽：普遍受惠。

⑦王安石（1021—1086）：北宋政治家、文学家。抚州临川（今属江西）人，字介甫，号半山。庆历进士。熙宁二年（1069）被任为参知政事，在神宗支持下实行变法。因遭司马光、文彦博、韩琦等的强烈反对，七年罢相。次年，复相。九年，再罢相。出判江宁府，退居半山园。封荆国公，世称荆公。卒谥文。散文雄健峭拔，为"唐宋八大家"之一。

⑧熙宁：宋神宗赵顼年号，使用时间为公元1068—1077年。

⑨光州：州名。治所光山（今属河南）。司法参军：官名。司法参军事的简称。掌议法断刑。

⑩沾濡：浸湿。

烛送词臣 宋哲宗

　　宋史纪①：苏轼为翰林学士②，尝宿禁中③，召见便殿。太皇太后问曰④："卿今何官？"对曰："待罪翰林⑤。"曰："何以遽至此？"对曰："遭遇太皇太后、皇帝陛下。"曰："非也，此先帝意也。先帝每诵卿文章，必叹曰：'奇才奇才。'但未及进用卿耳。"轼不觉哭失声，太皇太后与帝亦泣，左右皆感泣。已而命坐赐茶，撤御前金莲烛送归院。

皇太后

宋哲宗

蘇軾

【解】

　　宋史上记，苏轼在神宗时被小人排抑⑥，一向贬谪在外，至哲宗登极⑦，才取他做翰林学士。宋朝翰林院设在禁中，每夜有学士一员轮流直宿⑧，以备不时顾问。有一夜遇苏轼该直，哲宗的祖母太皇太后与哲宗同御便殿，宣苏轼入见。太皇太后问苏轼："卿如今做甚么官？"苏轼对说："待罪翰林学士。"谓之"待罪"者，说他不称此官，惟待罪责而已。谦词也。太皇太后又问："学士是美官⑨。卿一向流落江湖，怎能勾到此地位⑩？"苏轼乃归恩于上，说道："臣幸遭遇太皇太后及皇帝陛下见知，故得到此耳。"太皇太后说："非我用卿，乃先帝神宗意也。先帝每读卿的奏疏文章，必叹美说'奇才奇才'。不久先帝遂晏驾⑪，故未及用卿耳。今我用卿为此官，实承先帝之意也⑫。"苏轼因此追感先帝知遇⑬，不觉痛哭失声。太皇太后与哲宗也相向而泣。那时左右内臣也都感伤流涕。太皇太后赐苏轼坐，又赐他茶吃。将退时，撤御前的金莲烛送他归院。

　　看那时人君接见臣下，问答从容，礼数款洽⑭，蔼然如家人父子一般⑮，所以为臣的感激主恩，不觉悲泣。君臣间是何等景象！史称宋家以忠厚立国，又言其竟得尊贤敬士之报⑯，岂不信夫！

【注释】

①此则故事出自《宋史·苏轼列传》。

②苏轼（1037—1101）：北宋名臣。眉州眉山（今属四川）人，字子瞻，一字和仲，号东坡居士。与父洵、弟辙合称"三苏"。仕途坎坷。其文为"唐宋八大家"之一，其诗与黄庭坚并称"苏黄"，其词与辛弃疾连称"苏辛"，其书为"宋四家"之一。

③禁中：指帝王所居宫内。

④太皇太后：皇帝的祖母。此指哲宗祖母、神宗母高太后。

⑤待罪：古代官吏任职的谦称，意谓不胜其职而将获罪。

⑥排抑：排斥贬抑。

⑦哲宗：宋哲宗赵煦（1077—1100）。神宗子。1085—1100年在位。九岁即位，由祖母太皇太后高氏听政，用司马光、吕公著、文彦博为相，贬退章惇诸人，尽废王安石新法，复熙宁以前旧制。高氏病死，始亲政，改元绍圣，以示"绍述"，史称"绍圣绍述"。继承神宗新法，用章惇为相，曾布、蔡卞为执政，贬逐元祐大臣范纯仁、吕大防等数十人，陆续复熙宁新政之旧。

⑧直宿：值夜。

⑨美官：清要之职。

⑩能勾：即"能够"。勾，同"够"。

⑪晏驾：车驾晚出。古代称帝王死亡的讳辞。

⑫承：敬词。蒙受。

⑬追感：回忆往事而感触。知遇：赏识，优待。

⑭款洽：亲密，亲切。

⑮蔼然：温和、和善貌。

⑯竟：谓自始至终的整段时间。

述语

右善可为法者八十一事。臣等既论次终篇，乃作而叹曰："嗟乎！孟轲称'五百年而后有王者兴'①，传曰：'千年一圣，犹旦暮也②。'讵不信哉③！夫自尧舜以至于今，代更几世，主更几姓矣，而其可取者，三十余君而已。中间有或单举一善，节取一行，究其终始尚多可议。其完善铄懿、卓然可为世表者④，才什一耳⑤。可不谓难哉！

【注释】

①五百年而后有王者兴：语出《孟子·公孙丑下》："五百年必有王者兴。"
②千年一圣，犹旦暮也：《宋书·宗室列传》："孟轲曰：'千载一圣，是旦暮也。'"
③讵：副词。表示反诘。相当于"岂""难道"。
④铄（shuò）懿：谓德行美好。铄，美，美盛。懿，美，美德。卓然：卓越貌。世表：世人的表率。
⑤什一：十分之一。

【译文】

以上是善可为法的八十一件事。臣等依次论说完各事后，接着起身叹息说："唉！孟轲说'五百年而后有王者兴'，书上说'千年一圣，犹旦暮也'，难道不是这样吗！从尧舜到如今，更替了多少朝代，更替了多少君主，但其中值得取法的，只有三十几位君主而已。其中有的或单举一件好事，或节取一言一行，考究他的整个人生，还有很多值得讨论的。那些德行完美、卓然不凡可为世人表率的，才占到十分之一而已。可以说很难啊！

"天佑我明，圣神继作①。臣等尝伏读我祖宗列圣《实录》②，仰稽创守鸿规③，则前史所称圣哲之事，无一不备者。略举其概：如二祖之开基靖难④，身致太平，则尧舜汤武功德兼焉；典则贻休⑤，谟烈启后⑥，则汉纲唐目⑦，巨细具焉。昭皇帝之洪慈肆宥⑧，培植国脉⑨，则解网泽骨之仁也。章皇帝之稽古右文⑩，励精图治，则弘文延英之轨也。睿皇帝之聘礼处士⑪，访问治道⑫，则蒲轮玄纁之举也。纯皇帝之亲爱诸王⑬，厚遇郧邸⑭，则敦睦友于之风也⑮。敬皇帝之延见群臣⑯，曲纳谠直⑰，则揭器止辇之明也。肃皇帝之心存敬一⑱，治本农桑，则丹书、《无逸》之箴也⑲。皇考穆宗庄皇帝之躬修玄默、服戎怀远⑳，则垂衣舞干之化也㉑。其他片言之善，一事之美，又不可以殚述㉒。盖明兴才二百余年㉓，而贤圣之君，已不啻六七作矣。以是方内乂安㉔，四夷宾服㉕，重熙袭洽㉖，迭耀弥光㉗。致治之美㉘，振古罕俪焉㉙。猗欤休哉㉚！岂非乾坤光岳之气㉛，独钟于昭代㉜；河清里社之兆㉝，并应于今日哉！《诗》云：'下武维周，世有哲王'㉞，'王配于京，世德作求'㉟。我明世德，盖轶有周而特盛矣㊱。今皇上睿哲挺生㊲，膺期抚运㊳，又将觐光扬烈㊴，以远追二帝三王之治焉㊵。臣等何幸，躬逢其盛！"

【注释】

①圣神：封建时代称颂帝王之词。亦借指皇帝。

②实录：中国封建时期编年史的一种，专记某一皇帝统治时期的大事。最早见于记载的有南朝梁周兴嗣等的《梁皇帝实录》，记载武帝事。已散佚。至唐初由史臣撰已故皇帝一朝政事为实录成为定制。后世沿之。明清两朝设有实录馆，所存实录较多。今存最早的有唐韩愈的《顺宗实录》。

③仰：旧时书信或公文中的敬词。多用于下对上。稽：考核，查考。鸿规：犹言根本大法。

④二祖：明太祖朱元璋、成祖朱棣合称。开基：犹开国。谓开创基业。靖难：平定变乱。

⑤典则：典章法则，准则。贻休：留下美名。

⑥谟烈：谋略与功业。

⑦汉纲唐目：汉代、唐代的法度。纲目，犹法网、法度。

⑧昭皇帝：明仁宗朱高炽（1378—1425）代称。其谥号为敬天体道纯诚至德弘文钦武章圣达孝昭皇帝。肆宥：犹肆赦。

⑨国脉：国家的命脉。

⑩章皇帝：明宣宗朱瞻基（1398—1435）代称。其谥号为宪天崇道英明神圣钦文昭武宽仁纯孝章皇帝。稽古：考察古事。右文：崇尚文治。

⑪睿皇帝：明英宗朱祁镇（1427—1464）代称。其谥号为法天立道仁明诚敬昭文宪武至德广孝睿皇

帝。处士：本指有才德而隐居不仕的人，后亦泛指未做过官的士人。

⑫治道：治理国家的方针、政策、措施等。

⑬纯皇帝：明宪宗朱见深（1447—1487）代称。其谥号为继天凝道诚明仁敬崇文肃武宏德圣孝纯皇帝。

⑭郕邸：指明代宗朱祁钰（1428—1457）。明宣宗子，明英宗异母弟。英宗即位后封他为郕王。1449年，明英宗在"土木堡之变"中被瓦剌所俘，郕王被于谦等大臣拥立为帝，年号景泰。尊英宗为太上皇，英宗子朱见深为太子。1457年夺门之变后明英宗复辟，仍封其为郕王。

⑮友于：借指兄弟。

⑯敬皇帝：明孝宗朱祐樘（1470—1505）代称。其谥号为建天明道诚纯中正圣文神武至仁大德敬皇帝。

⑰曲：敬词。此谓降低身份。纳：引进，接受。谠直：正直。亦指正直的人。

⑱肃皇帝：明世宗朱厚熜（1507—1567）代称。其谥号为钦天履道英毅神圣宣文广武洪仁大孝肃皇帝。敬一：谓遇贤或不肖皆持端肃尊重之心。

⑲丹书：参见本书周武王《丹书受戒》篇注释。《无逸》：《尚书》篇名。主要内容为周公对成王的告诫。其开篇即云："君子所其无逸。先知稼穑之艰难，乃逸则知小人之依。"

⑳皇考：称皇帝已死之父亲。穆宗庄皇帝：即明穆宗朱载垕（1537—1572）。其谥号为契天隆道渊懿宽仁显文光武纯德弘孝庄皇帝。躬：亲自，亲身。玄默：谓清静无为。服戎：降服戎狄之人。怀远：安抚边远的人。

㉑垂衣：指无为而治。舞干：指文德感化。

㉒殚述：详尽叙述。

㉓盖：语气词。多用于句首。

㉔方内：四境之内，国内。乂（yì）安：太平，安定。乂，治。

㉕宾服：归顺，服从。

㉖重熙：更加兴盛。袭洽：和谐融洽相袭。袭，继承，沿袭。

㉗迭耀：轮流放光。弥光：更加光明。

㉘致治：使国家在政治上安定清平。

㉙振古：远古，往昔。罕俪：少有伦比。俪，比。

㉚猗欤：叹词，表示赞美。欤，通"与"。休：喜庆，美善。

㉛乾坤：天地。光岳：三光五岳。指天地。

㉜昭代：政治清明的时代。常用以称颂本朝或当今时代。

㉝河清：黄河水浊，少有清时，古人以“河清”为升平祥瑞的象征。里社：古代里中祭祀土地神的处所。借指乡里。

㉞下武维周，世有哲王：语出《诗经·大雅·下武》。意思是能继承先王功业的只有周朝，世代都有圣明的君王。下武，谓有圣德能继先王功业。

㉟王配于京，世德作求：语出《诗经·大雅·下武》。意思是武王配行三后之道于镐京，是因为周累世积德，才终成其大功。世德，累世的功德，先世的德行。求，终。

㊱轶：后车超前车。引申为超越。有周：周代。有，词头。

㊲睿哲：圣明，明智。挺生：挺拔生长。

㊳膺期：承受期运。指受天命为帝王。抚运：拥有天命。

㊴觐光：显现光辉与光荣。扬烈：继承功业。

㊵二帝三王：指唐尧、虞舜、夏禹、商汤、周文王（或周武王）。

【译文】

“上天护佑我大明，圣明的君主相继出现。臣等曾拜读我朝历代帝王的《实录》，心怀景仰地查考他们创业守成的根本法则，发现前代史书所说的圣贤哲人事迹，我朝的历代帝王没有不具备的。大略概括如下：如太祖开创基业、成祖平定变乱，使天下太平，可以说尧、舜、汤、武的功德都具备了。他们创制的典章法则留下美名，他们的谋略与功业为后人开辟了道路，可以说完全具备了汉、唐的法度。昭皇帝大慈大悲，宽赦罪人，培植国家的命脉，就相当于商汤王解网放鸟、周文王泽及枯骨的仁慈。章皇帝考察古事，崇尚文治，励精图治，就相当于唐太宗于弘文馆、唐宪宗于延英殿虚心学习的风范。睿皇帝礼聘处士，访问治道，就相当于汉武帝、汉光武帝蒲轮玄纁征贤的举动。纯皇帝亲爱众亲王，优待郕王，就属于唐玄宗亲厚和睦兄弟的风范。敬皇帝接见群臣，引进正直之士，就属于夏禹王揭器求言、汉文帝止辇纳谏的英明。肃皇帝存敬一之心，以农桑为治国的根本，就属于丹书和《无逸》中的箴言。皇考穆宗庄皇帝亲自履行清静无为，降服戎狄，安抚远人，就属于无为而治、以文德教化百姓。其他诸如好的一言半语、一件美事，在此不能一一叙述。大明兴起才两百多年，而圣贤的君主已经不止六七位了。因此四境之内太平安定，四方少数民族归服，世间兴盛和谐，更加光明。国家政治上的安定清平，是古时所难以比拟的。啊！这是多么的美好！难道是天地之气独独钟情于当代，黄河变清的预兆一并在今日应验了吗？《诗经》上说：'下武维周，世有哲王'，'王配于京，世德作求'。我大明累世的功德，已超越周代而更为盛大。当今皇上英明圣哲，卓越杰出，承受天命继承皇位，又将继承功业、再现辉煌，以远远地追溯唐尧、虞舜、夏禹、商汤、周文王的治道。臣等何其幸运，自己能遇上这一盛世！"

狂愚覆辙

游畋失位 夏太康

夏史纪①：太康即位②，荒逸，弗恤国事。畋猎于洛水之表③，十旬弗返④。有穷后羿⑤，因民之怨，拒之于河⑥，弗许归国。厥弟五人⑦，作歌以怨之。太康失国，居阳夏⑧。

遊畋失位

夏康

后羿

【解】

夏史上记，太康即位，荒于逸乐，不以国事为念，只好在外面打猎。巡游于河南地方，洛水之外，流连百日，不肯回还。把朝廷政事都荒废了，百姓禾稼都践踏了。民皆嗟怨。当时，有一个臣叫做后羿，极善射。因民之怨，率领军马，手持弓矢，拒之于河上，不要他归国。其弟五人，恨他荒淫无道，坏了祖宗的基业，于是作诗五章，称述其祖大禹的训辞以怨之，谓之《五子之歌》⑨。太康毕竟不得归国，居于夏阳之地而死。

夫太康为启之子，启能继禹之道⑩，贤圣之主也。再传太康，止以好尚游畋一事，遂至失国。父祖之德泽，皆不足恃矣。吁！可畏哉！

【注释】

① 此则故事出自《尚书·五子之歌》。

② 太康：夏朝第三代王。禹之孙，帝启之子。姒姓。在位二十九年，沉溺于游乐，不恤民事，为后羿所逐，不得返国。

③ 畋猎：打猎。洛水之表：洛水之外。表，外边。

④ 十旬：一百天。旬，十天。

⑤ 有穷：夏代国名。故地在今山东德州南。相传有穷国君羿善射，夺取了夏太康的王位，其相寒浞杀羿，袭有穷之号，为夏少康所灭。后羿：上古夷族的首领，善射。夏太康沉湎于游乐，羿推翻其统治，自立为君，号有穷氏。后因喜狩猎，不理民事，为其臣寒浞所杀。

⑥ 拒：抵御。

⑦ 厥：代词。其。表示领属关系。

⑧ 阳夏：古地名。秦置县，故治在今河南太康。

⑨ 《五子之歌》：《尚书》篇名。内容为夏启的五个儿子追述夏禹的训诫。

⑩ 启：夏代国君。姒姓，禹之子，母为涂山氏女。传禹选伯益为继任人，益推让而避居。禹去世后，他被诸侯拥立，从此确立君位传子之制。

脯林酒池　夏桀王

　　夏史纪①：桀伐有施氏②，得妹喜③。喜有宠，所言皆从。为瑶台象廊④，殚百姓之财⑤。为肉山脯林⑥，酒池可以运船，糟堤可以望十里，一鼓而牛饮者三千人⑦。妹喜笑，以为乐。

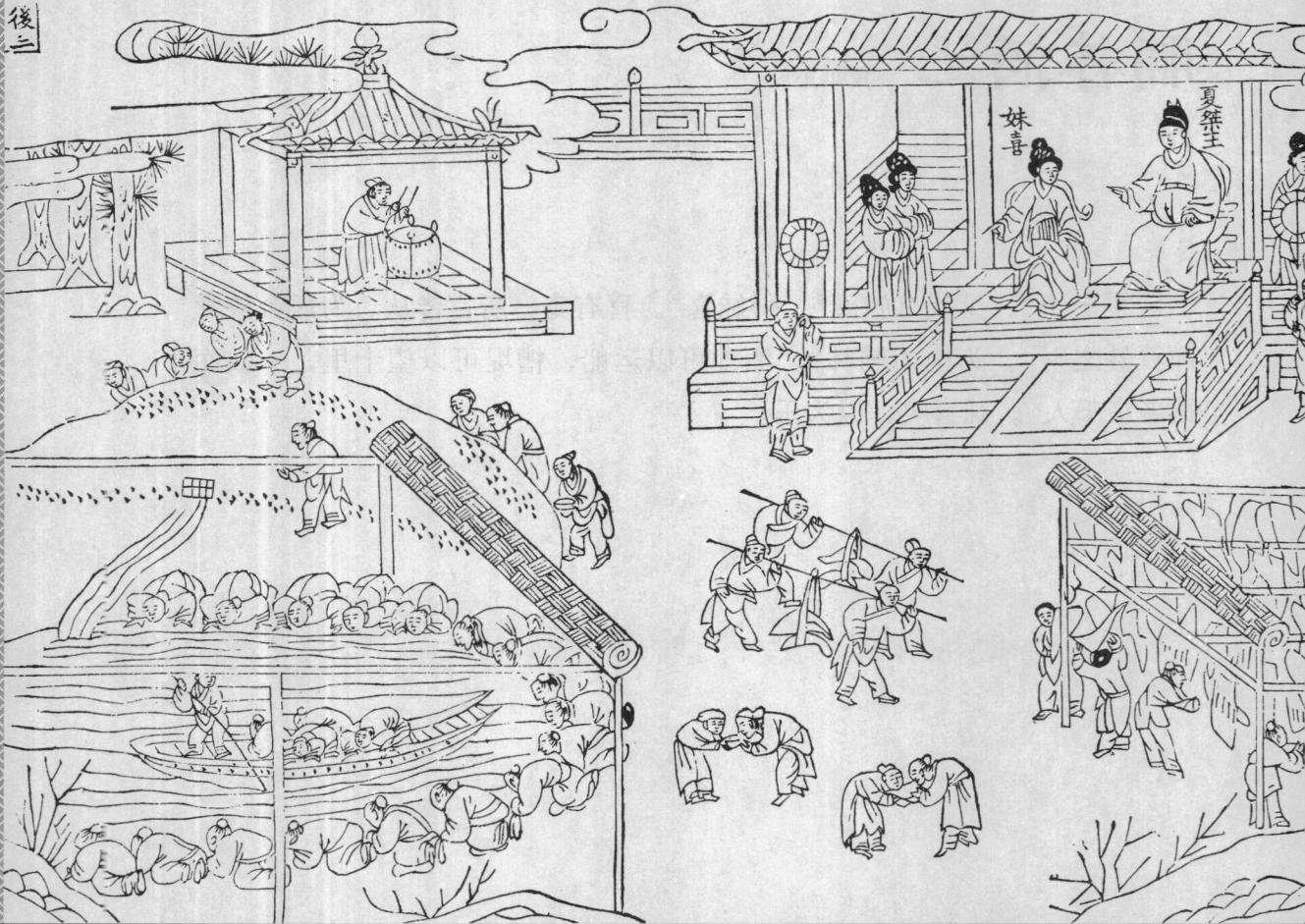

妹喜

夏桀王

【解】

　　夏史上记，夏桀无道，不修德政。因征伐有施氏之国，有施氏进了个美女，叫做妹喜，桀甚是宠爱他。说的言语，无不听从。造为琼台象廊，极其华丽，竭尽了百姓的财力。又性嗜酒放纵，不但自家酗饮，将各样禽兽之肉堆积如山，烹熟为脯者悬挂如林；凿个大池注酒，池中可以行船；积糟为堤，其高可望十里。击鼓一通，则齐到池边低头就饮，如牛之饮水者三千人。桀与妹喜欢笑，以此为乐。朝政之废可知矣。

　　夫桀之始祖大禹，卑宫室⑧，恶衣服⑨，克勤克俭⑩。因饮酒而甘，遂疏造酒之仪狄。何等忧深虑远，辛勤创业！而桀乃放纵如此，不亡何待？后六百年，又有商纣，亦为肉林酒池，亦亡商国。嗜酒之祸，可鉴也哉！

【注释】

①此则故事出自晋皇甫谧《帝王世纪》。

②有施：古国名。夏代喜姓之国。

③妹喜：或作末喜。夏桀妃，有施氏女。桀伐有施得之，从此昏乱失道。后商汤败之于历山，妹喜与夏桀同舟浮江，死于南巢之山。

④瑶台：美玉砌的楼台。亦泛指雕饰华丽的楼台。象廊：亦作"象郎"。用象牙装饰的廊殿。

⑤殚：尽，竭尽。

⑥脯林：列脯如林。形容穷奢极侈。

⑦牛饮：俯身而饮，形态如牛，故云。泛指狂饮、豪饮。

⑧卑宫室：宫室低浅。卑，低下，浅陋。

⑨恶衣服：衣服粗劣。恶，粗劣，不好。

⑩克勤克俭：既能勤劳，又能节俭。克，能够。

革囊射天 商武乙

商史纪①：武乙无道②。为偶人③，谓之天神，与博不胜而戮之④。为革囊盛血，仰而射之，谓之射天。在位五年，猎于河渭之间⑤，暴雷震死。

革囊射天
商武乙

【解】

商史上记，商王武乙无道，不知敬事天地。把木雕成人形，叫做天神。与之对局而博，使人代为行筹⑥。若是偶人输了，就将他斫碎，恰似杀戮那天神的一般。又将皮革为囊，里面盛着生血，高悬于空中，仰而射之，叫做射天。其慢神亵天如此⑦。在位五年，出畋猎于河渭之间，着暴雷霹死。

夫人君无不敬也，而敬天为大。《书》曰："钦若昊天⑧。"《诗》曰："敬之敬之，天惟显思，命不易哉⑨。"若以天为不足畏，则无可畏者矣。武乙之凶恶，说他不但不怕人，连天也不怕。故为偶人而戮之，为革囊而射之。呜呼！得罪于天，岂可逃哉！震雷殒躯，天之降罚，亦甚明矣。

【注释】

①此则故事出自《史记·殷本纪》。

②武乙：商代国王。康丁之子。在位时，东夷渐强，移居淮岱，渐居中土。西部方国旨等反商，他率沚国等诸侯征伐，虏旨方民数千。曾接受周主季历朝见，赐予土地、玉、马等物。后在黄河、渭水之间打猎，被雷击死。

③偶人：用土木陶瓷等制成的人形物。

④博：通"搏"。争斗，搏斗。

⑤河渭：黄河与渭水的并称。亦指河渭两水之间的地区。

⑥行筹：谓以筹码记数。

⑦慢神亵（xiè）天：轻慢天神和上天。慢，骄傲，怠慢。亵，轻慢，侮弄。

⑧钦若昊天：语出《尚书·尧典》，意谓敬顺苍天。钦若，敬奉，敬顺。昊天，苍天或四季、四方的天宇。

⑨"敬之敬之"几句：语出《诗经·周颂·敬之》。意思是要警戒再警戒，上天明察秋毫，保持天命不容易啊。敬，警戒，警惕。

妲己害政 商纣王

　　商史纪[①]：纣伐有苏[②]，获妲己[③]。妲己有宠，其言是从。作奇技淫巧以悦之。使师延作朝歌北鄙之音、北里之舞、靡靡之乐[④]。造鹿台[⑤]，为琼室玉门。厚赋敛，以实鹿台之财，盈钜桥之粟[⑥]。以酒为池，悬肉为林，使男女裸而相逐。宫中九市，为长夜之饮[⑦]。百姓怨望[⑧]，诸侯有畔者[⑨]。妲己以为罚轻威不立。纣乃为铜柱，以膏涂之，加于炭火之上，令有罪者行焉，辄堕炭中以取妲己笑。名曰"炮烙之刑"。

商紂王

妲己

【解】

　　商史上记，纣无道，恃强用兵，征伐有苏氏之国。有苏氏畏其威力，进献个美女，叫做姐己。纣得了姐己，甚是宠爱他，但是他说的就听。造作奇巧的服饰器物，以悦其心。使乐官师延作为朝歌北鄙之音、北里之舞、靡靡之乐，大率都是淫声⑩。又穷极土木之工，造鹿台一座，以琼瑶为室，以玉石为门，厚敛百姓的财物以为私积。那鹿台之内，钱财充实；钜桥之仓，粟米盈满。又凿个大池盛酒，悬挂鸟兽之肉为林，使男女裸体驰逐于其间。宫中又开设九处店市，与外人交易买卖。君臣酣饮，从夜达旦。竭民膏血，极欲穷奢。所以一时的百姓每都兴嗟含怨，困苦无聊。诸侯有背畔者，姐己说："诸侯之畔，都因罚轻诛薄、主威不立所致。"纣听其言，使人铸铜为柱，柱上抹上脂油，下面烧起炭火，将铜柱加于炭火之上，使有罪的人在柱上行走。那铜柱既热又滑，人如何行得？就都堕在炭火中烧死。姐己看见，以为笑乐。这个叫做"炮烙之刑"。

　　尝考之于史，说商纣"闻见甚敏，材力过人"⑪。使其有此才智而能亲近贤臣，容纳忠言，则其恶岂至于此哉！乃醢鄂侯⑫，剖比干⑬，而唯妇言是用⑭。欲不亡，得乎？万世之下，言大恶者必曰桀纣。女祸之烈，一至于此。有天下者，可不戒哉！

【注释】

①此则故事出自《史记·殷本纪》。

②有苏：古国名。故址在今河北沙河西北。有，词头。

③妲己：商纣的宠妃。有苏氏女，姓己名妲。周武王灭商时被杀。

④师延：古史传说中人物。相传为商纣王的宫廷乐师。曾给纣王作靡靡之乐。武王伐纣时，东逃投濮水而死。朝歌：古邑名。在今河南淇县东北。商朝帝乙、帝辛（纣）别都。北鄙之音：亦作"北鄙之声"。殷纣时的音乐。后世视为亡国之声。北里之舞：古舞曲名。为商纣王命乐师涓所作。靡靡之乐：犹靡靡之音，不健康的音乐。靡靡，萎靡不振。

⑤鹿台：古台名。别称南单之台。殷纣王贮藏珠玉钱帛的地方。故址在今河南汤阴朝歌镇南。

⑥钜桥：商纣王时之粮仓名。仓址在今河北曲周东北。

⑦长夜之饮：通宵饮酒作乐。长夜，通宵。

⑧怨望：怨恨，心怀不满。

⑨畔：通"叛"。违背，背离。

⑩大率：大抵，大致。淫声：古称郑卫之音等俗乐为淫声，以别于传统的雅乐。后来以淫声泛指浮靡不正派的乐调乐曲。

⑪闻见甚敏，材力过人：语出《史记·殷本纪》，意谓纣王为人聪明，勇力过人。闻见，所闻所见，知识。材力，勇力，膂力。

⑫醢（hǎi）：古代酷刑。将人剁成肉酱。鄂侯：商纣王时大臣。"鄂"一作"邘"。与西伯姬昌、九侯（一作"鬼侯"）并为三公。在朝直谏纣王过失，被惨杀。

⑬比干：商代贵族。纣的叔父。因多次劝谏，被纣剖心而死。

⑭唯妇言是用：语出《尚书·牧誓》，谓商纣王只听信妇人之言。

八骏巡游 周穆王

周史纪[①]：穆王臣造父善御[②]，得八骏马。王使造父御之西巡，乐而忘返。东方徐夷[③]，乘间作乱，周乃中衰。

【解】

　　周史上记，穆王时，有个臣叫做造父，善能御车驾马。是时穆王得了八匹极善走的骏马，使造父驾着，往西方去巡幸。当时天下太平，穆王驾着那骏马，任意遨游，不思返国，把朝廷政事都废了。民心离叛。东方有个徐夷，因此乘空造反，僭称为徐偃王④。近徐的诸侯，多有往朝于徐者。周家的王业到此中衰。

　　夫穆王初年，亦是个英明之主。后来只为用了造父，耽于游幸，遂致政乱国衰。然则人君之举动，可不慎哉！

【注释】

①此则故事出自《史记·赵世家》。

②穆王：西周国王。姬姓，名满。周昭王之子。曾两征犬戎，俘五王，迁戎于太原（今甘肃东部），开辟通向西北的大道。又举兵九师，攻楚伐越，东至九江。后徐偃王率九夷攻周，他又联楚攻灭徐国，在涂山大会诸侯。一说他曾周游天下，西至昆仑，见过西王母。《穆天子传》即记他西游之事。在位五十五年，谥穆。造父：西周大夫。嬴姓，名造父。善御车。传说他曾训良马八匹，称"八骏"，献给穆王。穆王命他为御，周游天下。后闻徐偃王称王攻周，乃驾车载王东归，日夜兼程，终于击败并杀死徐偃王，以功得封于赵（今山西洪洞北），为赵国之始祖。

③徐夷：部族名。中国古代少数民族中夷族的一支。因聚居徐州一带，故名。

④僭称：冒称，妄称。徐偃王：周代徐国国君。封地在汉水东，地方五百里，他奉行仁义，来朝会的有三十六国。楚文王恐其强大，危害楚国，因举兵攻灭。一说为周所灭。

戏举烽火 周幽王

　　周史纪[①]：幽王嬖爱褒姒[②]。褒姒不好笑，王说之万方，故不笑。王与诸侯约：有寇至，举烽火为信，则举兵来援。王欲褒姒笑，乃无故举火。诸侯悉至，至而无寇，褒姒大笑。后犬戎伐王[③]，王举火征兵，兵莫至。戎遂杀王于骊山下[④]，虏褒姒。

褒姒

周幽王

【解】

周史上记，幽王宠爱美女褒姒。褒姒性不好笑。王只要得他一笑，设了万般的方法，引褒姒笑。褒姒故意只是不笑。先是，王与诸侯相约：若有贼寇兵至，就烟墩上举起烽火为信，则列国举兵来救援。至是王念无可动褒姒笑者，遂无故举烽火。诸侯望见，只说有贼兵到了，都领兵来救援。一时齐到城下，却不见有贼兵。褒姒见哄得众诸侯空来这一遭，乃不觉大笑。然诸侯由此不信幽王。后犬戎调兵伐王，王复举火召兵。诸侯见前次哄了他，这遭一个也不来。王遂被犬戎杀害于骊山之下，连褒姒也房去了。

夫女色可远不可近。近则为其所迷，而举动不知谨，患害不知虑。幽王只为要褒姒欢喜，至无故征天下之兵，以供其一笑，卒致身弑国亡[5]。其昏暗甚矣。谥之曰幽，不亦宜乎！

【注释】

① 此则故事出自《史记·周本纪》。

② 幽王（？—前771）：西周国王。姬姓，名宫湦（"湦"一作"湟""涅"）。宣王之子。公元前782—前771年在位。因宠爱褒姒，立褒姒之子伯服为太子，废申后和太子宜臼。申侯联合缯国，招引犬戎攻周，他被杀于骊山下，西周灭亡。嬖爱：宠爱。褒姒：周幽王的宠妃。褒国（今陕西勉县东）之女。姒姓。周幽王三年（前779）褒国进献于周，为幽王所宠。幽王继而废申后和太子宜臼，立以为后，并以其子伯服为太子。申联合曾国，招引犬戎攻周，杀幽王于骊山下，她也被俘。

③ 犬戎：古族名。戎人的一支。即畎戎。又称畎夷、犬夷、昆夷、绲夷等。

④ 骊山：在陕西西安临潼区南，因古骊戎居此得名。

⑤ 弑：古代卑幼杀死尊长叫弑。多指臣子杀死君主，子女杀死父母。

遣使求仙 秦始皇

　　秦史纪[1]：始皇帝东巡海上，遣方士齐人徐巿等，入海求蓬莱、方丈、瀛洲三神山及仙人不死之药。巿等诳始皇[2]，言"未能至，望见之焉。请得斋戒[3]，与童男女及百工之事求之，即得之矣"。始皇从其言，使童男女三千人与百工之事偕往[4]。徐巿止，王不来。

【解】

　　秦史上记,始皇帝好神仙,说海中有三座山,一名蓬莱,一名方丈,一名瀛洲,这三座山都是神仙所居。始皇东巡至海上,遣方士齐人徐市等入海访求此三山,及仙人长生不死之药。这神仙之说本是妄诞,徐市因始皇好之,遂哄他说:"海中实有三神山,臣等虽不曾到,常在海上望见之焉。请得斋戒,与童男童女及百工技艺之人入海求之,则三山可到,不死之药可得也。"始皇不知其诈,遂发童男童女三千人及百工技艺之事,使徐市等泛海求之。徐市得了这许多人,走在海外寻个地方,就在那里做了王不回来。而仙药终不可得也。

　　尝观秦始皇既平六国,凡平生志欲,无不遂者,所不可必得者寿耳。于是信方士之言,觅不死之药,竟为徐市等所诳。何其愚哉!至汉武帝,亦遣方士入海,求蓬莱安期生之属⑤,终不可得。迨其末年,始悔为方士所欺,乃曰:"天下岂有仙人?尽妖妄耳!"吁,亦晚矣!宜史臣表而出之,以戒后世人主之惑于方士者。

【注释】

①此则故事出自《史记·秦始皇本纪》及《史记·封禅书》等。

②诳(kuáng):惑乱,欺骗。

③斋戒:古人在祭祀前沐浴更衣、整洁身心,以示虔诚。

④百工:各种工匠。

⑤安期生:仙人名。亦称"安期"或"安其生"。秦、汉间齐(一说琅琊阜乡)人。传说他曾从河上丈人习黄帝、老子之说,卖药东海边。秦始皇东游,与语三日夜,赐金璧数千万,皆置之阜乡亭而去,留书及赤玉舄一双为报。后始皇遣使入海求之,未至蓬莱山,遇风波而返。后之方士、道家因谓其为居海上之神仙。

坑儒焚书 秦始皇

　　秦史纪[1]：始皇三十四年，用李斯之言[2]，烧《诗》《书》、百家语[3]。有敢偶语《诗》《书》者弃市[4]，以古非今者族[5]，吏见知不举者与同罪[6]。所不去者，惟医药、卜筮、种树之书。侯生、卢生相与讥议始皇[7]，因亡去。始皇闻之大怒，曰诸生为妖言以乱黔首[8]，使御史案问[9]。诸生转相告引[10]，犯禁者四百六十余人，皆坑之[11]。

阮儒焚書

秦始皇

【解】

秦史上记，始皇帝三十四年，从丞相李斯之言，天下人但有私藏《诗》《书》及百家言语文字者，都着送官，尽行烧毁，再不许天下人读书。有两人成偶，口谈《诗》《书》者，就戮之于市。有援引古事、非毁当今者，全家处死。官吏有见知不举发者，与之同罪。所存留不毁者，只是医药与卜筮、种树这几种小书而已。时有儒士侯生、卢生，两个人相与讥议始皇所为不合道理，又恐得罪，因逃去躲避。始皇闻之大怒说："这儒生每造为妖言，煽惑人心，不可不诛。"乃使御史访察案问之。诸生互相讦告⑫，攀扯连累，凡犯诽谤之禁者四百六十余人，皆坑杀于咸阳地方。

夫自古帝王欲治天下，未有不以崇儒重道为先务者⑬。而始皇乃独反其道，至使典籍尽为煨烬⑭，衣冠咸被屠戮。其罪可胜言哉！至汉高帝过鲁以大牢祀孔子⑮，文帝除挟书之律⑯，武帝表章六经⑰，公孙弘以儒生为宰相⑱，而孔氏之教乃复兴⑲。夫观秦之所以亡与汉之所以兴者，得失之效，昭然可睹矣⑳。

【注释】

① 此则故事出自《史记·秦始皇本纪》。

② 李斯（？—前208）：秦朝丞相。楚上蔡（今河南上蔡西南）人。辅助秦始皇统一六国，秦朝建立后为丞相。建议废分封、定郡县之制，下禁书之令。

③ 《诗》《书》、百家语：《诗经》《尚书》和先秦诸子百家的著作。

④ 偶语：相互谈论。

⑤ 以古非今：用古代的人或事来非难当今。族：灭族。古代一人犯罪刑及亲族的刑罚。

⑥ 举：指摘，检举。

⑦ 侯生：秦朝方术士。韩国人。秦始皇时，与韩终、石生等奉命求仙人不死之药，相约逃跑。卢生：秦朝方士。燕人。曾为始皇寻求仙人，觅长生不死之药，始皇屡受其欺骗。后与方士侯生议论始皇短处，并相约逃亡。始皇怒，遂借诸生"妖言以乱黔首"之罪名，坑杀咸阳诸生四百六十余人，史称"坑儒"事件。

⑧ 黔首：古代称平民、老百姓。

⑨ 御史：官名。秦代御史监郡，掌纠察弹劾。案

问：审问。

⑩告引：检举揭发。

⑪坑：活埋。

⑫讦告：揭发控告。

⑬先务：首要的事务。

⑭煨烬：灰烬，燃烧后的残余物。

⑮大（tài）牢：太牢。古代祭祀，牛羊豕三牲具
　　备谓之太牢。

⑯挟书：私藏书籍。

⑰表章：同"表彰"。六经：《诗》《书》《礼》《乐》
　　《易》《春秋》六部儒家经典。

⑱公孙弘（前200—前121）：西汉名臣。菑川薛
　　（今山东寿光南）人，字季，一字次卿。少为狱
　　吏。年四十余始治《春秋公羊传》。曾建议设五
　　经博士，置弟子员。以熟习文法吏治，被武帝
　　任为丞相，封平津侯。

⑲孔氏：指孔子。

⑳昭然：明白貌。

大营宫室 秦始皇

　　秦史纪[①]：始皇以先王宫廷小，乃营朝宫渭南上林苑中[②]。先作前殿阿房[③]，东西五百步，南北五十丈，上可以坐万人，下可以建五丈旗。周驰为阁道[④]，自殿下直抵南山。表山巅以为阙[⑤]，复道渡渭[⑥]，属之咸阳[⑦]。计宫三百，帷帐钟鼓美人充之。各案署不移徙。

大營宮室

【解】

　　秦史上记，始皇建都咸阳，以先王所住的宫殿狭小，不足以容，乃营建朝宫于渭南上林苑中。先起前面一座殿，叫做阿房殿。这殿的规制自东至西，横阔五百步；自南至北，入深五十丈。上面坐得一万人，下面竖立得五丈高的旗。只这一座殿其高大深阔如此，其他可知矣。周围四边，俱做可驰走的高阁道，自殿下直至南山。就南山顶上竖立阙门，其北首砌一条复道，直跨过渭水，如桥梁一般，接着咸阳都城。计建立的离宫有三百所，一一都有铺设的帷帐等物、作乐的钟鼓等器及四方美女充实其中，以待始皇游幸。但所到之处，百事俱备，不用那移⑧。

　　夫自古帝王皆以民力为重，不忍轻用，知民心之向背，乃天命去留所系也。始皇竭天下之力以营宫室，极其壮丽，自谓可乐矣。而民心离叛，覆灭随之。竟为项羽所焚，悉成煨烬。吁，可鉴哉！

【注释】

①此则故事出自《史记·秦始皇本纪》。

②渭南：古地区名。指渭河以南地区。

③阿房：指阿房宫。秦宫殿名。宫的前殿建于秦始皇三十五年。遗址在今陕西西安西阿房村。秦亡时全部工程尚未完成，故未正式命名。因作前殿阿房，时人即称之为阿房宫。秦亡，为项羽所焚毁。现尚存高大的夯土台基，为全国重点文物保护单位之一。

④阁道：复道。

⑤表：特出，迥异于众貌。阙（què）：宫门、城门两侧的高台，中间有道路，台上起楼观。

⑥复道：楼阁或悬崖间有上下两重通道，称复道。

⑦属（zhǔ）之咸阳：与咸阳连接。属，继续，连接。咸阳，秦都城，故址在今陕西咸阳东北。

⑧那（nuó）移：转移，移动。那，用同"挪"。

女巫出入　　汉武帝

　　汉史纪[1]：武帝时，女巫往来宫中，教美人度厄[2]，每屋辄埋木人祭之。因妒忌恚骂，更相告讦[3]，以为咒诅[4]。上怒，多所击杀。上心既疑，尝梦木人数千，持杖欲击上，因是体不平[5]。江充自知为太子所恶[6]，因言上疾，祟在巫蛊[7]。于是使江充治巫蛊狱。充云："于太子宫得木人尤多。"太子愤恨，无以自明，于是发武库兵捕江充诛之[8]。武帝怒，使人捕太子。太子自缢。

【解】

西汉史上记，武帝时纵容民间女巫出入宫中（女巫，如今师婆之类），教宫人每祈祷解厄，刻木为神道形像[9]，埋在屋里，时常祷祀以祈福。于是宫人每有彼此妒忌怨骂者，就告讦于武帝，说他每在背地里雕刻人形，魇镇咒诅主上[10]。武帝发怒，打死宫人甚多。武帝心中既疑，尝梦木人数千，持杖要来打他，因此身体欠安。有奸臣江充，自知太子恶他，见帝年老，恐日后为太子所诛，因奏说："主上这疾，由巫蛊魇镇所致。"武帝信之，就着江充穷治巫蛊之狱，遍宫中掘地搜寻木人。江充就借此倾陷太子[11]，说："臣到太子宫中掘得木人尤多。"武帝怒。太子负屈无以自明[12]，不胜愤恨之心，遂擅发武库兵仗，捕得江充诛之。武帝愈怒，说太子谋反，使人捉拿太子。太子惶惧，走出湖县[13]，自缢而死。

大抵妇人妒宠相谗，乃其常态。但使宫禁严密，不许外人擅自出入；嫔妃近幸之人，不许彼此无事往来，则闺阃自然清肃[14]，谗害不生。至于女巫邪术，尤不可近。俗语云："三婆不入门，便是好人家（谓师婆、卦婆、卖婆也）。"况于天子之宫禁，而可容此辈出入乎？武帝只因不能禁绝于初，故致自生疑惑，而奸人乘间构祸[15]。骨肉伤残，后虽追悔，亦何及哉！此万世所当鉴戒也。

【注释】

① 此则故事出自《资治通鉴》卷第二十二汉纪十四。

② 美人：妃嫔的称号。度厄：旧时迷信，认为人有灾难，可以禳除逃过，谓之度厄。

③ 告讦：责人过失或揭人阴私，告发。

④ 咒诅：诅咒。

⑤ 不平：不适，欠安。

⑥ 太子：此指西汉武帝太子刘据（前128—前91）。卫皇后所生，故称"卫太子"。谥戾，又称"戾太子"。元狩元年（前122）立为太子。武帝晚年，宫中迷信盛行，值武帝患病，疑其左右巫蛊，使宠臣江充调查。江充素与他不和，遂乘机诬告他在宫中埋有木人。他惧祸被迫起兵杀江充。朝廷发兵镇压，激战五日，他兵败逃亡，被地方官追捕，遂自杀。

⑦ 祟：鬼神的祸害。古人以为想象中的鬼神常出而祸人。巫蛊：古代称巫师使用邪术加害于人为巫蛊。

⑧ 武库：古库房名。在今陕西西安西北汉长安城未央宫与长乐宫之间。西汉贮藏武器之库。毁于王莽末年战火。

⑨ 形像：形状，样子。

⑩ 魇镇：犹言为害。谓在别人祈福时做不吉利的事。主上：臣下对君主的称呼。

⑪ 倾陷：诬陷，陷害。

⑫ 负屈：抱屈，遭受委屈。

⑬ 湖县：古县名。西汉初置胡县。武帝建元元年（前140）更名湖县，属京兆尹。治所在今河南灵宝西北黄河南岸。

⑭ 闺闼：宫禁的门户，此指宫内。清肃：清静严肃。

⑮ 乘间：利用机会，乘空子。构祸：制造祸乱。

五侯擅权　汉成帝

　　汉史纪[①]：成帝初立，以元舅阳平侯王凤为大司马大将军辅政[②]。诸舅谭、商、立、根、逢时同日封侯[③]，世谓之五侯。是日黄雾四塞。商、根又相继秉政。王氏一门，乘朱轮华毂者二十五人[④]，分据势要[⑤]，朝士皆出其门[⑥]，赂遗四面而至。五侯争为奢侈，大治第室，至为赤墀青琐[⑦]，起土山渐台[⑧]，像白虎殿[⑨]。穿城引沣水注第中[⑩]。群臣及吏民多上书言王氏威权太盛，上皆不听。于是王氏益横，其后新都侯王莽遂篡汉自立[⑪]。

漢成帝

王譚 王商 王立 王根 王逢時

【解】

西汉史上记，成帝初即位，待太后家王氏过厚，用长舅阳平侯王凤做大司马大将军，专执朝政，诸舅王谭、王商、王立、王根、王逢时五人同日都封为列侯。当时人号他做"五侯"。受封之日，黄雾四塞。天戒甚明如此，而成帝不悟。后来王商、王根又继王凤秉政。王氏一门贵盛，乘朱轮华毂之车者多至二十五人，都分占势要之官。朝中仕宦个个是他门下私人，馈送财宝者四面而至。五侯争以奢侈相尚，大起第宅，穷极壮丽。至用赤土为墀，门户上刻成连琐，而以青色涂之，僭拟朝廷宫殿的制度。园中起土山渐台，恰似白虎殿一般。又径自凿开长安城墙，引城外的沣水到他宅里为池。其奢僭如此。那时群臣及官民人等，多上书说王氏威权太盛，恐不可制。成帝只为溺爱母家，都不听其说。因此王氏越发横恣，无所忌惮。其后平帝以幼年继立[12]，新都侯王莽专政，威权尽归其手，遂毒杀平帝，篡汉自立。

夫人君之于外戚，固当推恩，但不当假以权柄。不幸而有罪，亦宜以法裁之。汉文帝知后弟窦广国之贤而不肯用[13]，诛其舅薄昭之罪而不少贷[14]，后世称明焉。成帝不思祖宗贻谋之意[15]，乃使诸舅更执国政[16]，子弟分据要官，至于骄纵不法，一切置而不问，养成篡弑之祸[17]。岂非千古之鉴戒哉？人主欲保全外家，惟厚其恩赉而毋使之干预朝政[18]，则富贵可以长守矣。

【注释】

①此则故事出自《汉书·元后传》。

②元舅：长舅。王凤（？—前22）：西汉东平陵（今山东济南东）人，字孝卿。妹王政君为元帝皇后。初为卫尉，袭父爵阳平侯。成帝时，以外戚为大司马大将军领尚书事。其弟五人亦同日封侯。他专断朝政，郡国守相刺史皆出其门。王氏掌握朝政由他开始，后其侄王莽代汉，建立新朝。大司马：官名。汉承秦制，置丞相、御史大夫、太尉。汉武帝罢太尉置大司马。西汉一朝，常以授掌权的外戚，多与大将军、骠骑将军、车骑将军等联称，也有不兼将军号的。

③谭、商、立、根、逢时：汉元帝王皇后的五个弟弟王谭（？—前17）、王商（？—前12）、王立（？—3）、王根（？—前2）、王逢时（？—前10或前12）。成帝河平二年（前27），五人同日封侯：王谭（字子元）为平阿侯，王商（字子夏）为成都侯，王立（字子叔）为红阳侯，王根（字稚卿）为曲阳侯，王逢时（字季卿）为高平侯。世谓之"五侯"。

④朱轮华毂：红漆车轮，彩绘车毂。古代显贵者乘的车子。

⑤势要：有权势，居要职。亦指有权有势的人。

⑥朝士：朝廷之士。泛称中央官员。

⑦赤墀青琐：殿前台阶涂成红色，宫门上镂刻青色连环形图纹。这是古代天子之制。墀，台阶，也指阶面，漆成红色，故称。琐，门窗上所雕刻或绘画的连环形（一说"连琐形"）花纹，也用为宫门的代称。涂以青色，故称。

⑧渐台：台名。因台在池中，为水所浸，故曰渐台。汉所筑渐台有二：一在今陕西西安西北汉长安城西建章宫太液池中，一在长安城西南部未央宫西苍池中。

⑨白虎殿：汉宫殿名。即白虎观。

⑩沣水：古水名。又作丰水。即今陕西西安西渭河支流沣河。

⑪王莽（前45—23）：新王朝的建立者。公元8—23年在位。字巨君，汉元帝皇后侄。西汉末以外戚掌握政权，成帝时封新都侯。元始五年（5），毒死平帝，自称假皇帝。次年立年仅二岁的刘婴为太子，号"孺子"。初始元年（8）称帝，改国号为新，年号始建国。

⑫平帝：汉平帝刘衎（前9—6）。公元前1—5年在

位。元帝孙，三岁嗣立为中山王。九岁被迎立为皇帝，外戚王莽秉政。后被王莽毒死。

⑬窦广国（？—前151）：西汉外戚。字少君，清河观津（今河北武邑东）人。窦太后弟。贤而有行，不敢以尊贵骄人。文帝曾欲用他为相，因畏人言乃止。

⑭薄昭（？—前170）：西汉诸侯。吴（今江苏苏州）人。薄太后弟，文帝舅父。吕后卒，与诸大臣共迎薄太后之子、代王刘恒为帝，是为文帝。文帝十年（前170），因擅杀朝廷使者获罪，自杀。少贷：略微宽恕。少，稍，略。贷，赦免，宽恕。

⑮贻谋：指父祖对子孙的训诲。

⑯更（gēng）执：轮流掌管。

⑰篡弑：犹篡杀。谓弑君篡位。

⑱恩赉：恩赐。

市里微行　汉成帝

　　汉史纪[①]：成帝为微行[②]。从期门郎或私奴[③]，或乘小车，或皆骑，出入市里郊野，远至旁县。斗鸡走马，常自称富平侯家人[④]。富平侯者，侍中张放也[⑤]。宠幸无比，故假称之。

市里微行

【解】

　　西汉史上记，成帝好微行。微行，是私自出外行走，不使人知其为天子也。他既是私行，所以不乘辇辂也不要百官扈驾⑥，只悄悄地着几个禁卫的期门郎，或常侍的仆役跟随着。或时坐一小车，或混同随从，人都一概骑马，出入街市坊里、荒郊野外，远至邻京县邑。斗鸡走马，以为戏乐。此时侍中张放封富平侯，得宠于上，贵倖无比。成帝乃假充做张放的家人，以震服人心，泯其形迹⑦。

　　夫以天子之尊，出入警跸⑧，前后法从⑨；有和鸾鸣佩之节⑩，凡以别等；威备非常，肃臣下之观望也。成帝自轻其身，遨游市里；又妄自贬损，称为富平家人，其玷辱宗社甚矣，何以君天下而临万国哉！

【注释】

①此则故事出自《资治通鉴》卷第三十一汉纪二十三。

②微行：旧时谓帝王或有权势者隐匿身份，易服出行或私访。

③期门郎：官名。掌执兵送从，护卫皇帝。

④富平侯：汉张安世封富平侯。此谓其玄孙张放。

⑤侍中：古代职官名。秦始置，两汉沿置，为正规官职外的加官之一。因侍从皇帝左右，出入宫廷，与闻朝政，逐渐变为亲信贵重之职。张放（？—前7）：西汉官吏。京兆杜陵（治今陕西长安东北）人。袭封富平侯。受成帝宠幸。

⑥辇辂：皇帝的车舆。扈驾：随侍帝王的车驾。

⑦泯：昏乱，淆乱。

⑧警跸：古代帝王出入时，于所经路途侍卫警戒，清道止行，谓之"警跸"。

⑨法从：跟随皇帝车驾，追随皇帝左右。

⑩和鸾鸣佩之节：《礼记·玉藻》："君子在车则闻鸾和之声，行则鸣佩玉，是以非辟之心，无自入也。"和鸾，古代车上的铃铛。挂在车前横木上的称"和"，挂在轭首或车架上的称"鸾"。节，礼节。

宠昵飞燕 汉成帝

　　汉史纪[①]：成帝微行，过阳阿主家[②]，见歌舞者赵飞燕而悦之[③]。召入宫，大幸。有女弟合德[④]，姿性尤秾粹[⑤]，亦召入。披香博士淖方成在帝后唾曰[⑥]："此祸水也，灭火必矣。"后姊弟俱立为婕妤[⑦]。果谮告许皇后咒诅主上[⑧]。帝乃废许后，而立飞燕为后。

飛燕　漢成帝　淖成　合德

【解】

　　西汉史上记，成帝微行时，一日到阳阿公主家。有个歌舞的女子，身体最轻，能为掌上舞，名叫赵飞燕。成帝见了，甚是喜悦，就召入宫中，大得宠幸。飞燕有个妹子，名叫合德，姿容性格更是称艳粹美，亦复召入。时披香殿里有个博士，姓淖名方成，最有识见。跟随在成帝之后，见了飞燕姊妹这等模样，知是不祥之兆，因以口唾之，说道："汉家以火德王天下⑨。此女子入宫，必乱国家，乃祸水也。灭火必矣。"其后飞燕姊妹日见宠幸，不久俱封为婕妤。果然在成帝面前谗谮许后，说他诅咒主上。成帝信其言，遂将许后废处昭台宫，而立飞燕为后。卒以败德乱政焉。

　　夫自古亡国非一，而女色居其大半。岂女子有色遂为害哉？良以有色无德故耳⑩。盖妇德必贞静幽闲，端庄雅重，无邪媚轻佻之态者，然后可以配至尊，奉宗庙，而母仪天下。飞燕姊妹以倡优歌舞贱人，而帝乃宠之为后，其视桀宠妹喜，纣宠妲己，又有甚矣。汉祚之衰，实自此始。可叹也哉！

【注释】

①此则故事出自《资治通鉴》卷第三十一汉纪二十三。
②阳阿主：阳阿公主。西汉公主。
③赵飞燕（？—前1）：汉成帝皇后。善歌舞，以身轻如燕称"飞燕"。成帝时入宫，为婕妤，深得宠幸。后谮告许后咒诅皇帝，成帝因废许后，立她为皇后。平帝即位，她被废为庶人，自杀。
④女弟：妹妹。合德：赵合德，赵飞燕之妹。相传其肤滑体香，性醇粹，善音辞。为成帝所幸，谓为温柔乡。成帝死后自杀。
⑤姿性：天资，禀赋。称粹：淳美，精粹。
⑥披香：汉宫殿名。
⑦姊弟：亦作"姊娣"。姐姐和妹妹。婕妤：宫中女官名。汉武帝时始置，位视上卿，秩比列侯。
⑧许皇后（？—前8）：西汉成帝第一任皇后。昌邑（今山东巨野）人。大司马车骑将军许嘉之女。被赵飞燕姐妹所谮，废黜。后因私赂定陵侯淳于长谋复为后，事泄，被赐毒自杀。
⑨火德：五德之一。以五行中的火来附会王朝历运。
⑩良以：确实因为。良，副词。确实，果然。

嬖佞戮贤 汉哀帝

汉史纪[①]：哀帝时[②]，侍中董贤姿貌美丽[③]，以和柔便辟得幸于上[④]，贵震朝廷，常与上卧起。诏将作大匠为贤起大第[⑤]，穷极技巧。赐武库禁兵、尚方珍宝及东园秘器[⑥]，无不备具。郑崇谏上[⑦]，上怒，下崇狱，竟死[⑧]。

嬖佞戮賢

董賢

漢哀帝

鄭崇

【解】

　　西汉史上记，哀帝时，有个侍中，叫做董贤。他容貌美丽，性体和柔，而便佞邪辟，以此得帝宠幸，至与帝同卧起。其尊贵之势，震动朝廷。帝诏令总管营建的将作大匠替董贤起盖大第宅，诸般的技能工巧无不做到。又赐他武库里禁兵、尚方的珍宝及东园中葬器，皆朝廷所用，俱以赐贤，无一不备者。其时有个贤臣郑崇，因此谏争，以为不可。上怒而下崇于狱，竟死狱中。

　　夫哀帝初年，躬行节俭，政事皆由己出，亦可以为明主。到后一宠董贤，遂至颠倒迷惑，无复顾惜，卒以促亡[9]。人君之宠狎佞倖，其祸如此！

【注释】

①此则故事出自《汉书·佞幸传》及《资治通鉴》卷第三十四汉纪二十六等。

②哀帝：汉哀帝刘欣（前25—前1）。公元前7—前1年在位。在位后期宠幸董贤，赏赐无度。成语"断袖之癖"即源于此。

③董贤（前23—前1）：西汉佞臣。云阳（今陕西泾阳）人。字圣卿。为哀帝宠幸，行卧不离。哀帝死后他被迫自杀。

④和柔：柔媚宜人。便辟：谄媚逢迎。

⑤将作大匠：官名。职掌宫室、宗庙、陵寝及其他土木营建。大第：高大的第宅。

⑥东园秘器：指皇室、显宦死后用的棺材。东园是汉宣帝王皇后之墓，其墓在宣帝陵东，故称。

⑦郑崇（？—前2）：西汉官吏。字子游。高密（今属山东）人。哀帝时为尚书仆射。性刚直，数谏争。哀帝初纳用之，后因反对哀帝嬖臣董贤为帝所疏。其后为尚书令赵昌所诬谮，下狱，被拷打至死。

⑧竟：终于，到底。

⑨促亡：速亡。

十侍乱政 汉桓帝

　　汉史纪[①]：桓帝封宦者左悺、具瑗、徐璜、唐衡、单超为列侯[②]。侯览上缣五千匹[③]，封高乡侯。又封小黄门八人为乡侯[④]。悺等皆据势擅权，交通贿赂。五侯尤贪纵，倾动内外。天下为之语曰："左回天，具独坐，徐卧虎，唐两堕。"兄弟姻戚，宰州临郡，与盗无异。民不堪命，多为盗贼。其后中常侍曹节、王甫及赵忠、张让等十常侍相继专政[⑤]，浊乱海内。寻召董卓之乱[⑥]，汉因以亡。

漢桓帝

後三七

【解】

东汉史上记，桓帝封中官左悺、具瑗、徐璜、唐衡、单超五人俱为列侯。时帝方卖爵，因侯览上缣五千匹，也封为高乡侯。又封小黄门八人俱为乡侯。由是悺等占据势要，专擅威权，交通四方贿赂。就中五侯尤为贪婪放纵，气焰熏灼。那时有个民谣，叫左悺做"左回天"，言其势力能转动人主的意向也。叫具瑗做"具独坐"，言其豪贵无人敢与相并也。叫徐璜做"徐卧虎"，言其如卧虎之可畏也。叫唐衡做"唐两堕"，言其任意妄为，东西无定也。左悺等的兄弟亲戚，又多是无赖之人，个个都叨冒官职⑦，有做一州方伯的⑧，有做一郡太守的，遍布天下。贪赃坏法，陵虐小民，就与盗贼一般。百姓每困苦无聊，往往逃亡，去为盗贼。其后有中常侍曹节、王甫及赵忠、张让等十个常侍，相继专擅朝政。起党锢之狱⑨，弑贤臣窦武、陈蕃、李膺等百余人⑩，任意纵横，浊乱海内。遂致黄巾贼起⑪。未几董卓举兵内向，劫迁天子⑫，汉随以亡。

按《天文志》，宦者四星⑬，在帝座之侧。中官给事左右，供奉内庭，盖王制所不可少者。但不宜授以兵权，使得专制朝廷耳。考之当时，中常侍吕强，清忠好直谏⑭，最为善良，使桓帝左右皆小心端恪⑮。如吕强之流，而外任贤臣李固、黄琬等以为股肱心膂⑯，则汉至今犹存可也。奈何不顾祖制，宠之以五等之封⑰，授之以威福之柄，遂使权倾人主，毒流海内。乱亡之祸，岂非自取之哉！

【注释】

①此则故事出自《后汉书·宦者列传》。

②桓帝：汉桓帝刘志（132—168）。公元146—168
年在位。在位初期由梁太后临朝，外戚梁冀掌握
朝政，后期由宦官把持朝政。延熹九年（166），
世家豪族与太学生联合反对宦官，他命令逮捕李
膺等二百余人，史称"党锢之祸"。左悺、具瑗、
徐璜、唐衡、单超：均为桓帝时宦官。五人合谋
诛灭外戚梁冀，同日封侯，时称"五侯"：左悺封
上蔡侯，具瑗封东武阳侯，徐璜封武原侯，唐衡
封汝阳侯，单超封新丰侯。

③侯览（？—172）：东汉宦官。山阳防东（今山
东成武）人。桓帝初为中常侍，因诛梁冀有功进
封高乡侯。骄横贪暴，后被劾奏，自杀。缣：双
丝织的浅黄色细绢。

④小黄门：汉代低于黄门侍郎一级的宦官。乡侯：
汉制列侯爵号名。次于县侯，高于亭侯。

⑤中常侍：官名。秦置。西汉中常侍为加官，加此
官者得入禁中。东汉以宦者为之，隶少府，掌侍
天子左右，从入内宫，顾问应对。曹节（？—
181）：东汉宦官。南阳新野（今属河南）人，字

汉丰。灵帝时，与宦官王甫等杀太傅陈蕃、大将
军窦武，迁长乐卫尉，封育阳侯。累迁尚书令。
父兄子弟皆并列州郡，所在贪残。王甫：东汉宦
官。灵帝时为黄门令，与曹节谋诛陈蕃、窦武
等，迁中常侍。又与节诬勃海王刘悝谋反，封冠
军侯。赵忠、张让：皆为东汉宦官。赵忠（？—
189），安平（今属河北）人。张让（？—189），
颍川（今河南禹州）人。二人灵帝时任中常侍，
封列侯。父兄子弟并列州郡，所在贪残，为人民
所痛恨。曾劝灵帝每亩田增税十钱，以大修宫
室。灵帝常谓"张常侍是我公""赵常侍是我母"。

⑥董卓之乱：董卓本陇西豪强，中平六年（189）
应外戚何进召，带兵入洛阳，废少帝刘辩，立
陈留王刘协为帝。次年关东诸州郡起兵讨卓，
卓遂挟持献帝迁都长安，驱民数百万口入关。
行前大肆烧掠，使洛阳周围室屋荡尽，百姓流
离死亡无数。初平三年（192），董卓在长安被
其部将吕布与司徒王允合谋杀死。其部将李傕、
郭汜攻破长安，杀王允，旋复自相残杀，纵兵
掳掠。经此浩劫，长安地区百姓死亡逃散略尽，
其他地区亦遭受巨大破坏。

⑦叨冒：贪婪，贪图。

⑧方伯：殷周时代一方诸侯之长。后泛称地方长官。

⑨党锢之狱：东汉桓帝时宦官专权，士大夫李膺、陈蕃等联合太学生郭泰、贾彪等，猛烈抨击宦官集团。宦官诬告他们结为朋党，诽谤朝廷，李膺等二百余人遭捕，后虽释放，但终身不许做官。灵帝时，李膺等复起用，与大将军窦武谋诛宦官。事败，膺等百余人被杀，并陆续处死、流徙、囚禁六七百人。是为"党锢之狱"。

⑩窦武（？—168）：东汉大臣。字游平，扶风平陵（今陕西咸阳）人。少以经行著称，名显关西。桓帝时，长女立为皇后。桓帝死，无子。武迎立灵帝，任大将军，常居禁中，掌握朝政。因定策功，更封闻喜侯。与太学生交结，重用李膺、杜密、刘猛等人，并和太傅陈蕃谋诛宦官。事泄，兵败自杀。陈蕃（？—168）：东汉名臣。字仲举，汝南平舆（今属河南）人。桓帝时任太尉，与李膺等反对宦官专权，为太学生所敬重，称之"不畏强御"。灵帝时与外戚窦武谋诛宦官，事泄遇害。李膺（110—169）：东汉官吏。字元礼，颍川襄城（今属河南）人。为官威明，宦官张让弟朔为官贪残无道，膺捕而杀之。延熹九年（166），宦官以其结党诽谤朝廷之罪名，将其逮捕入狱，释放后禁锢终身。灵帝即位后，因与陈蕃谋诛宦官失败，复被免官。次年党锢之祸再起，死于狱中。

⑪黄巾贼：东汉末年张角所领导的农民起义军，因头包黄巾而得名。

⑫劫迁：劫持，胁迫迁徙。

⑬宦者四星：宦者，星名，属天市垣，共四星，在皇位之侧。汉朝皇帝卤簿有戴巧士冠之黄门从官四人，夹乘舆车前，象征四星之数。

⑭吕强（？—184）：东汉宦官。河南成皋（今河南荥阳）人，字汉盛。宦官。初为小黄门，再迁中常侍。为人谨慎奉公。黄巾起义爆发，他请诛左右贪浊者，大赦党人，简量刺史、太守才能。灵帝采纳，先赦党人，宦官也人各求退。旋为中常侍赵忠等诬陷，灵帝派人召问，忿而自杀。

⑮端恪：端正恭谨。

⑯李固（94—147）：东汉大臣。汉中南郑（今属陕西）人，字子坚。阳嘉二年（133）对策直陈外戚、宦官专权之弊，遭陷害。后为梁冀所诬，下狱被杀。股肱心膂：喻主要的辅佐人员。心膂，心与脊骨。

⑰五等：特指五等之爵。

西邸鬻爵 汉灵帝

　　汉史纪①：灵帝开西邸卖官②，入钱各有差：二千石③，二千万；四百石④，四百万。其以德次应选者，半之。令、长随县好丑、丰约有贾⑤。富者先入，贫者到官倍输⑥。又私令左右卖公卿。公，千万；卿，五百万。于西园立库贮之，以为私藏。

西邸鬻爵

漢靈帝

【解】

东汉史上记，灵帝于西园中开设邸舍，如市店一般，鬻卖官爵。官有大小，则纳钱各有差等。秩二千石的，如今之知府等官，则纳钱二千万；秩四百石的，如今之县令等官，则纳钱四百万。就是本等以德行次序应该选除的，也要他纳钱一半，才许他做官。令长，即今之知县，随那地方的好歹，以为纳钱多寡，都有定价。富者纳完了钱，才与他官做；贫者赊与他，着他到地方后加倍补纳。又私令左右之人卖公卿。公卿大官，必是资望相应的，然非因近倖入钱，亦不肯便与。公，卖钱一千万；卿，卖钱五百万。将这卖官的钱，都收贮在西园库里，以为自家的私藏。

考之于史，灵帝初为侯时，常苦贫；及即位，叹桓帝不能作家计，无私钱，故卖官聚钱如此。夫朝廷官爵，以待贤才。《书》言"官不及私昵，爵罔及恶德"[7]。任意与人，犹且不可，况卖之以为私藏乎！且天子富有四海，安用私藏？乃使市贩之辈，冒滥冠裳[8]；贤才之人，高蹈畎亩[9]。上坏朝廷名器之公，下遗百姓剥削之害。五年，大盗四起，宗庙社稷且不可保，西园私藏，果安在哉？此正《大学》所谓"一人贪戾，一国作乱"者也[10]。

【注释】

① 此则故事出自《资治通鉴》卷第五十七汉纪四十九。

② 灵帝（156—189）：汉灵帝刘宏。公元168—189年在位。统治期间任用宦官，大兴党锢，杀窦武、陈蕃、李膺等。公开标价卖官，天下田亩增税十钱，大修宫室。阶级矛盾激化，中平元年（184）爆发了黄巾大起义。西邸：官舍名。

③ 二千石（dàn）：汉官秩等级。因汉制郡守俸禄为二千石，又为郡守的通称。

④ 四百石：汉官秩等级。东汉凡秩千石之官，其属丞、尉则秩四百石。

⑤ 贾（jià）：同"价"。

⑥ 倍输：一比二的交纳。

⑦ 官不及私昵，爵罔及恶德：语出《尚书·说命中》："官不及私昵，惟其能；爵罔及恶德，惟其贤。"意思是官职不是任命给那些和自己亲近的人，而是那些贤能之人，爵位不是赏赐给那些无德之人，而是那些贤能之人。昵，亲热，亲近。

⑧ 冠裳：指官宦士绅。

⑨ 高蹈畎亩：隐居田间。

⑩ 一人贪戾，一国作乱：语出《礼记·大学》。意思是假如国君一个人贪婪暴戾，那么一国的民众都会起来犯上作乱。

列肆后宫 汉灵帝

　　汉史纪[1]：灵帝作列肆于后宫[2]，使诸采女贩卖[3]。更相盗窃争斗。帝着商贾服，从之饮宴为乐。

漢靈帝

【解】

　　东汉史上记，灵帝于后宫中，盖造铺店，积聚各样货物，使宫中众采女，都学外面市井上人，交易贩卖。又使之彼此偷盗、争斗、喧哗，故意做出那市井上的模样来。灵帝也穿着外面买卖人的亵衣④，装做商贾，随着众宫人在酒肆中饮宴以为欢乐。

　　夫灵帝之时，奸邪满朝，权纲不振⑤，天怒人怨，灾变叠兴。乃不知恐惧修省、任贤图治，而游乐宫中，甘同商贾下贱人的勾当。兼且弄狗着冠，驾驴操辔，亵尊败度之事⑥，无所不为。人心如何不离？盗贼如何不起？东汉之亡也，岂献帝之罪哉⑦！

【注释】

①此则故事出自《后汉书·孝灵帝纪》。

②列肆：谓成列的商铺。

③采女：原为汉代六宫的一种称号。因其选自民家，故曰"采女"。后用作宫女的通称。

④亵衣：内衣，贴身之衣。

⑤权纲：朝政大权。

⑥亵尊败度：亵渎尊严，败坏法度。

⑦献帝：汉献帝刘协（181—234）。灵帝子。公元189—220年在位。为董卓所立，迁都长安。后董卓为司徒王允所杀，卓部将李催攻入长安，他被劫持。建安元年（196），被曹操迎都于许（今河南许昌），又成为曹操的傀儡。延康元年（220），曹操子曹丕代汉称帝，被废为山阳公。

芳林营建 魏主叡

　　魏史纪①：明帝好土功②，大营宫殿。役连岁不休。徙长安钟簴、铜驼、承露盘于洛阳③。铸铜人二，列司马门外。又铸黄龙、凤凰，置内殿前。起土山于芳林园，使公卿皆负土。树杂木善草，捕禽兽致其中。光禄勋高堂隆、尚书卫觊及司徒掾董寻皆上疏极谏④，不听。

魏明帝

後堂玉

【解】

　　三国魏史上记，明帝叡好土木之功。即位后，大营建宫殿。既作许昌宫，又作洛阳宫。工役连年不得休息。迁徙长安城中秦汉时所造的钟簴、铜橐驼及承露盘到洛阳来。用铜铸两个极大的人，号做"翁仲"，摆列在司马门外。又铸成黄龙、凤凰，安置在内殿前面。筑一座土山于芳林园，欲其速成，乃使公卿大臣每都亲自搬土助工。山既成了，使人栽种杂木好草；又捕捉各样禽兽放在中间，就与真山一般。光禄勋高堂隆、尚书卫觊及司徒掾董寻，都上奏疏极谏其失。明帝通不听他，兴作如故。

　　夫人君以一人治天下，非以天下奉一人也。明帝之时，三方鼎立，力行节俭犹恐不足以为国，而乃劳人动众为不急之务。且公卿大臣，朝廷之所素敬礼者，至使之负土为山，沾手涂足，尤非使臣以礼之道矣。未几，明帝早崩无嗣，不及一享其乐；魏之天下，又随为司马氏所篡。彼铜人土山之玩，果为谁而作哉！

【注释】

①本则故事出自《资治通鉴》卷第七十三魏纪五。

②明帝：魏明帝曹叡（205—239）。谯县（今安徽亳州）人，字元仲。公元226—239年在位。曹丕子。在位期间好治宫室，多夺百姓农时。土功：指治水、筑城、建造宫殿等工程。

③钟簴（jù）：饰以猛兽形象的悬乐钟的格架。

④光禄勋：官名。掌管宫殿宿卫门户，总领宫内事，实为宫内总管。高堂隆：三国时魏官吏。字升平，泰山平阳（今山东新泰）人。善占天象。明帝大治宫殿，隆上疏切谏。后迁侍中、太史令、光禄勋。为官清俭。尚书：官名。秦为少府属官，汉武帝时以宦官担任，地位逐渐重要。东汉时正式成为协助皇帝处理政务的官员。魏晋以后实际为宰相之任。卫觊（？—229）：三国魏官吏。河东安邑（今山西夏县）人，字伯儒。魏明帝时，封阌乡侯，主管著作。司徒掾：官名。司徒府属官。董寻：三国魏官吏。河东（今山西夏县西北）人。为司徒军议掾，明帝徙长安铜器铸铜人，寻上书反对。

羊车游宴 晋武帝

晋史纪[①]：武帝既平吴，颇事游宴，怠于政事。掖庭殆将万人[②]，常乘羊车，恣其所之，至便宴寝。宫人竟以竹叶插户、盐汁洒地，以引帝车。而后父杨骏始用事[③]，交通请谒[④]，势倾内外。朝政大坏。至其子惠帝[⑤]，遂有五胡乱华之祸[⑥]。

晉武帝

【解】

　　晋史上记，武帝自平吴之后，以为天下一统，四海无虞，遂娇纵放逸，好游幸宴乐，不理政事。后宫妇女，多至万人。欲有所幸，不能自决所往，因以羊驾车，认他行去。羊所住处，就在那里住下，宴乐寝宿。于是宫人望幸者多，都把竹叶插在门上，盐水洒在地下，引得那羊来食之，以住帝车而宴寝焉。因武帝这等荒淫无度，不理国事，于是皇后之父杨骏得以专权擅政，交通请托，威福权势，倾动内外。朝政日以坏乱。至其子惠帝又不肖⑦，夷狄交侵，五胡乱华，而中朝之祸自此始矣。

　　向使武帝平吴之后，兢兢业业，常如前日，则帝亦明达之主也⑧，骏安得而用事，天下何从而启乱哉？

【注释】

①此则故事出自《晋书·后妃列传上》。

②掖庭：宫中旁舍，妃嫔居住的地方。殆：大概，几乎。

③杨骏（？—291）：西晋大臣。字文长，弘农华阴（今属陕西）人。西晋初，以其女杨芷为武帝皇后，任车骑将军，封临晋侯。武帝死前，受遗诏与汝南王亮辅政，任太傅、大都督。他总揽朝政，遍树亲党，与弟珧、济势倾天下，时称"三杨"。后为贾后所杀。

④请谒：请求，干求。

⑤惠帝：晋惠帝司马衷（259—307）。公元290—306年在位。字正度。武帝子。痴呆不任事，贾后专权，促成八王之乱。他被诸王轮番挟持，后被东海王越迎归洛阳。相传被越毒死。

⑥五胡乱华：晋武帝死后，晋室内乱，北方少数民族匈奴族的刘渊及沮渠氏、赫连氏，羯族石氏，鲜卑族慕容氏及秃发氏、乞伏氏，氐族苻氏、吕氏，羌族姚氏相继在中原称帝，此即"五胡乱华"。

⑦不肖：不成材，不正派。

⑧明达：对事理有明确透彻的认识，通达。

笑祖俭德　宋武帝骏

宋史纪①：宋主骏大修宫室②，土木被锦绣③。坏高祖所居阴室④，起玉烛殿，与群臣观之：床头有土障⑤，壁上挂葛灯笼、麻蝇拂。袁颛盛称高祖俭德⑥，宋主曰："田舍翁得此，已为过矣！"

宋武帝駿

【解】

　　六朝宋史上记，宋主刘骏性好奢侈，嫌他父祖的宫室卑小，乃从新大修造一番。墙壁门柱上，都被着锦绣。宋高祖生前住的去处，叫做阴室，后世以藏高祖的御服。他要把这阴室拆了，改造玉烛殿，因与群臣往那里观看。见阴室里面床头有个屏障，是土做的；墙上挂个灯笼，是葛布鞔的[7]；挂个蝇拂，是麻绳结的。这都是高祖生前常用的器物，质朴俭素，故留之以示子孙也。其臣袁颢因盛称高祖的俭德，欲以感悟宋主。宋主反笑话说："高祖起于农亩而为天子，本是个庄家老。他有这个受用，已是过分了，岂可与今日同语哉？"

　　夫不念祖宗创业之艰、法祖宗崇俭之德，且嘲诮如此，尚谓有人心乎？未及一年，他就殁在这玉烛殿里。其子子业，济恶更甚，遂被篡弑之祸。《传》曰："俭，德之共也；侈，恶之大也[8]。"岂不信哉！

【注释】

①此则故事出自《资治通鉴》卷第一百二十九宋纪十一。

②宋主骏：宋孝武帝刘骏（430—464）。字休龙，小字道民。文帝刘义隆第三子。初封武陵王。太子刘劭杀文帝自立，他起兵讨劭，杀劭即位。在位后期奢侈无度，残杀宗室及大臣，刘宋政治日趋衰落。

③被（pī）：同"披"。穿着。

④阴室：帝王生前的居室。

⑤土障：土做的屏障。

⑥袁颢（yǐ，420—466）：南朝宋官吏。字景章，陈郡阳夏（今河南太康）人。孝武帝大明末迁侍中。时孝武帝刘骏欲废太子刘子业，他盛称太子好学，有日新之美。前废帝由是深感之，即位后以为吏部尚书。明帝即位后，他起兵奉晋安王刘子勋称帝，军败被杀。

⑦鞔（mán）：蒙上，连缀。

⑧"俭，德之共也"几句：语出《左传·庄公二十四年》。

金莲布地 齐主宝卷

　　齐史纪[①]：齐主宝卷[②]，荒淫奢侈。后宫服御，极选珍奇。宠爱潘妃[③]，尝凿金为莲花以帖地，令潘妃行其上曰："此步步生莲花也。"嬖倖因缘为奸利[④]，课一输十[⑤]。百姓困穷，号泣道路。

潘妃

齊王

【解】

　　六朝齐史上记，齐主宝卷，荒淫奢侈。凡后宫的服饰器用，必选那极品珍贵奇异之物。宠爱一个女子潘妃，尝以黄金打成莲花，帖在地上，教潘妃在上面行走。齐主观而悦之，说道："这个是步步生莲花也。"自是取用浩繁，而嬖爱宠幸之人，乘机以行奸网利⑥，指一科十⑦。由此百姓困穷，无所告诉，惟号泣道路而已。

　　其荒淫奢侈如此，在位二年，竟为嬖臣王珍国等所弑⑧，萧衍因而篡齐⑨。败亡之祸，岂非自取之哉！

【注释】

①此则故事出自《南史·齐本纪下·废帝东昏侯》。

②齐主宝卷：即南朝齐皇帝萧宝卷（483—501）。公元498—501年在位。字智藏，本名明贤。即位后科敛无度，大起宫室，凶暴嗜杀。萧衍起兵时被所属将领杀死。和帝立，追废为东昏侯。

③潘妃（？—501）：南朝齐萧宝卷宠妃。本姓俞名尼子，后改姓潘。小字玉儿。有姿色。

④奸利：非法谋取的利益。

⑤课：征收赋税。输：交出，献纳。

⑥网利：获取利益。

⑦科：征发赋税。

⑧嬖臣：受宠幸的近臣。王珍国（？—515）：南朝齐、梁官吏。字德重，沛国相（今安徽濉溪）人。先为官南齐，萧衍起兵时杀东昏侯以应之，封滠阳县侯。

⑨萧衍（464—549）：梁武帝。南朝梁的建立者。公元502—549年在位。字叔达，南兰陵（今江苏常州西北）人。齐明帝末任雍州刺史，镇襄阳，乘齐内乱起兵入京，独揽政权，封梁王。旋废齐和帝自立，改国号梁。

舍身佛寺　梁武帝

　　梁史纪^①：武帝幸同泰寺^②，设大会。释御服，持法衣^③，行清净大舍^④。素床瓦器，乘小车，役私人，亲为四众讲《涅槃经》^⑤。群臣以钱一亿万奉赎，表请还宫。三请乃许。

【解】

　　六朝梁史上记，武帝惑于佛教，尊信甚笃，亲自幸同泰寺，设为大会。聚集僧俗人众，脱去袍服，穿了僧衣，行清净大舍施之法。修持斋素，出了家，把自己的身子舍在寺里。睡的是素床，用的是瓦器，坐的是小车，使唤的只是几个家人。屏去了天子的奉养，件件用度与那出家的一样。又亲升讲堂法座，为僧俗大众讲《涅槃经》。佛家说，人死去精神常存，但示寂灭而已⑥，叫做涅槃，故有《涅槃经》。武帝信之，故亲讲与众人听。文武群臣见武帝迷惑，舍身在寺里，无可奈何。乃共出钱十万，献在佛前，赎出武帝来，上表请帝还宫听政。武帝初时不肯，恳请三次，然后许之。

　　夫佛家弃父母妻子，舍身出家，乃西夷之教⑦，不可以治天下。梁武帝不思宗庙社稷之重，土地人民之托，妄自舍身佛寺，倾国以奉浮屠⑧，不过惑于因果报应之说耳。后来侯景之乱，饿死台城⑨，佛安在哉！

【注释】

①此则故事出自《南史·梁本纪中·武帝下》。

②同泰寺：寺名。在今江苏南京。南朝梁所建，梁武帝曾数度舍身于此。

③法衣：僧道穿的衣服。

④清净：佛教语。指远离恶行与烦恼。大舍：佛教语。即"舍身"。指佛教徒为弘扬佛法，报恩、布施等目的，自作苦行，如烧臂、焚身、割肉、为奴之类。

⑤四众：即四部众。佛教语。指比丘、比丘尼、优婆塞、优婆夷。《涅槃经》：梵文佛经汉译名。又作《大般涅槃经》《大经》。北凉昙无谶译，凡四十卷。涅槃，佛教语。梵语的音译。旧译"泥亘""泥洹"。意译"灭""灭度""寂灭""圆寂"等。是佛教全部修习所要达到的最高理想，一般指熄灭生死轮回后的境界。

⑥寂灭：佛教语。指超脱生死的理想境界。

⑦西夷：古代指我国西部地区的部族。

⑧浮屠：佛教语。梵语 Buddha 的音译。佛陀，佛。

⑨台城：六朝时的禁城。为台省（中央政府）和宫殿所在地。

纵酒妄杀 北齐主洋

　　齐史纪[①]：齐主洋嗜酒淫佚[②]，肆行狂暴。尝作大镬、长锯、锉碓之属[③]，陈之于庭。每醉，辄手杀人以为戏乐。杨愔乃简死囚置仗内[④]，谓之供御囚。齐主欲杀人，辄执以应命。

縱酒妄殺

楊惜

蕭至忠

【解】

　　六朝齐史上记，齐主高洋好酒而荒淫佚乐，肆行狂暴。尝做下烹人的大锅、解人的长锯与铁锉碓臼等物，摆列庭中，以为刑具。每醉便手自杀人，以为戏乐。那时宰相杨愔不忍无罪之人被杀，乃简那该死的囚犯置列庭仗之内，叫做供御囚。待齐主醉后要杀人之时，就以此囚应命。

　　夫人命至重，虽犯罪该死，犹且三覆五奏然后行刑⑤。是以禹见罪人，下车而泣，重人命也。齐主酷暴若此，岂不大失人心？然齐主即位之初，亦尝留心政事，推诚任使；军国机务，独自裁决，可为贤主。后来只因好酒乱性，遂成无道之君。此大禹之所以绝旨酒而书作《酒诰》以为戒也⑥。

【注释】

①此则故事出自《资治通鉴》卷第一百六十六梁纪二十二。

②齐主洋：即北齐文宣帝高洋（529—559）。北齐建立者。公元550—559年在位。渤海蓨县（今河北景县）人，字子进。高欢次子。东魏时封齐王，后代魏自立。在位初期用汉族士人杨愔为尚书令，改定律令，委以政事。后期嗜酒昏狂，淫乱残暴。

③大镬（huò）、长锯（jù）、锉碓（cuò duì）：皆为古时刑具名。镬，无足鼎。古时煮肉及鱼、腊之器。亦用以为烹人的刑器。锉，锉刀。碓，捶击用具。

④杨愔（yīn，511—560）：北齐宰相。弘农华阴（今属陕西）人，字遵彦，小字秦王。北齐建，高洋委以国政，任尚书令，力主立汉族李氏为文宣帝皇后。帝死，辅立太子高殷。高演发动政变时被杀。简：选择，选用。

⑤三覆五奏：覆奏，指重新详审事情，再行决断。覆，审理，审问。

⑥旨酒：美酒。《酒诰》：《尚书》篇名。

华林纵逸

北齐主纬

　　齐史纪[①]：齐主纬好自弹琵琶[②]，为《无愁》之曲。民间谓之"无愁天子"。于华林园立贫儿村[③]，自衣蓝缕之衣[④]，行乞其间以为乐。

【解】

六朝齐史上记，齐后主纬好自弹琵琶唱曲。所唱的曲子音调哀惨，闻者悲伤，反名《无愁》之曲，说他做天子长享快乐，更无忧愁也。民间相传其事，遂号他为"无愁天子"。尝于华林园内立贫儿村，自家穿着蓝缕衣服，妆做乞人的模样，行乞饮食以为戏乐。

荒纵至此⑤，焉得不亡？后为周宇文邕所灭⑥。

【注释】

① 此则故事出自《资治通鉴》卷第一百七十二陈纪六。

② 齐主纬：即北齐后主高纬（556—577）。公元565—577年在位。在位期间，荒淫无道，宠任穆提婆、高阿那肱等奸佞，拘母，杀弟及大将斛律光，排斥祖珽等文官，又广收租税，穷奢极欲。兵败于周，被周军俘获，降封温国公。后以谋反罪被杀。

③ 华林园：本东汉芳林园，三国魏为避齐王芳讳，改名华林园。在今河南洛阳东北汉、魏洛阳故城内。东魏时毁。

④ 蓝缕：形容衣服破旧。蓝，通"褴"。

⑤ 荒纵：放荡不羁。

⑥ 周：朝代名。公元557年宇文觉代西魏称帝，改国号周（557—581），史称北周。宇文邕（543—578）：周武帝。北周皇帝，公元560—578年在位。字祢罗突。鲜卑族。宇文泰子。继承其父的改革大业，整顿吏治，改革兵制，劝课农桑，使北周国力大增。公元577年灭北齐，统一北方。

玉树新声　陈后主

陈史纪[①]：后主起临春、结绮、望仙三阁[②]，各高数十丈，连延数十间。其窗牖栏槛，皆以沉檀为之，饰以金玉，间以珠翠。其服玩瑰丽，近古所未有。上每饮宴，使诸妃嫔及女学士与狎客共赋诗[③]，互相赠答。采其尤艳丽者，被以新声[④]，选宫女千余人歌之。其曲有《玉树后庭花》《临春乐》等，大略皆美诸妃嫔之容色[⑤]。君臣酣歌，自夕达旦以为常。

陳後主

【解】

　　六朝陈史上记，陈后主叔宝在位，荒淫无度。起三座高阁，一名临春，一名结绮，一名望仙。各高数十丈，阔数十间。其窗牖栏干，都是沉檀好香做成的。又饰以金玉，嵌上珠翠。阁里所摆设的衣服玩器都是珍奇美丽之物，近代所未曾见者。其宫室服用之侈如此。后主又好为词曲，选宫人能文的，叫做女学士。群臣能文的，如江总、孔范等⑥，都纵容他出入禁中，陪侍游宴，叫做狎客。后主每饮宴，即命诸妃嫔及女学士与狎客每同作诗，一赠一答，以为娱乐，无复顾忌。诸诗之中，拣词语极艳丽的，被诸管弦，新作一样腔调。选宫女千余人，都唱此曲，与乐声相和。其曲有《玉树后庭花》及《临春乐》等名目。曲中的说话，大略都是夸美诸妃嫔的容色而已。君臣酣饮狂歌，自夜晚直到天明。每日是如此，以为常事。其声色游宴之娱又如此。

　　夫人君为万民之主，当爱养财力，惟恐不足；兢业政事，犹恐有过。而后主乃穷奢极侈，流连荒亡，其于民力国事，都不暇顾。《书》曰："内作色荒，外作禽荒；甘酒嗜音，峻宇雕墙。有一于此，未或不亡⑦。"今后主有四焉，欲不亡得乎？

【注释】

①此则故事出自《资治通鉴》卷第一百七十六陈
纪十。

②后主：南朝陈后主陈叔宝（553—604）。字元秀，
小字黄奴。公元582—589年在位。在位期间荒
于酒色，不恤政事。隋兵南下时，恃长江天险，
自称"王气在此"，不以为意。祯明三年（589），
隋兵入建康（今江苏南京），被俘，陈亡。被掳
至长安后诗酒如故，隋文帝言其"全无心肝"。

③女学士：宫中女官名。狎客：陪伴权贵游乐的人。

④被：加上。新声：新作的乐曲。

⑤美：称美，赞美。容色：容貌神色。

⑥江总（519—594）：南朝陈大臣。济阳考城（今
河南兰考）人，字总持。仕梁、陈、隋三朝，
陈时官至尚书令。日与后主游宴后庭，作艳诗，
被称为"狎客"。善五言、七言诗。孔范：南
朝陈官吏。会稽山阴（今浙江绍兴）人，字法
言。少好学，善五言诗。后主即位，为都官尚
书，与江总等并为狎客。后主有过失，他必曲
为文饰。与后主宠妃孔贵人结为兄妹，宠遇优
渥，举朝莫及。

⑦"内作色荒"几句：语出《尚书·五子之歌》。
意思是在宫内沉湎于女色，在外面沉湎于游猎；
嗜好饮酒和奢靡的音乐，恣意大规模营造宫室、
雕饰墙壁。君主只要有其中一种行为，就没有
不灭亡的。

剪彩为花 隋炀帝

　　隋史纪[①]：炀帝筑西苑[②]，周二百里。其内为海，周十余里。为方丈、蓬莱、瀛洲诸山，高百余尺，台观宫殿，罗络山上[③]。海北有渠，萦纡注海内[④]。缘渠作十六院[⑤]，门皆临渠。每院以四品夫人主之，穷极华丽。宫树彫落[⑥]，则剪彩为花叶缀之。沼内亦剪彩为荷、芰、菱、芡，色渝[⑦]，则易以新者。十六院竞以骰羞精丽相高[⑧]，求市恩宠[⑨]。帝好以月夜从宫女数千骑游西苑，作《清夜游》曲，于马上奏之。

剪綵焉花

隋煬帝

【解】

　　隋史上记，炀帝溺于逸游，用度奢侈。于宫中营筑别苑一所，叫做西苑。周围有二百里宽，中为海子。周围亦十余里，海中起方丈、蓬莱、瀛洲等山，以象东海中三神山，各高百余尺。山上都有台观宫殿，罗列于上。海子北边，开一道河渠萦纡回绕，引水注于海子内。沿渠盖院落一十六所，院门都傍临着河渠。每一座院里面，都有宫人美女，而以四品夫人掌管。穷极华丽，以恣游玩。遇秋冬时节，见宫树彫落，则剪五彩绢帛为花为叶，缀于枝条之间。于池沼中，亦剪彩为荷、为芰、为菱、为芡，帖在水面，与春夏间的景物一般。久之，若颜色改变，又换上新的。其侈靡如此。那十六院中的宫女，彼此各以肴馔精丽相争相胜，以此希恩取宠。炀帝游观无厌，惟日不足，好乘月夜，随从宫女数千骑遨游苑中。命词人编成《清夜游》的歌曲，使宫女于马上唱之。未几，又游幸江都，留连不反，遂以失国。

　　考之于史，隋炀帝之父文帝⑩，性贪好利。洛阳府库，财货山积。炀帝始为晋王，谗杀太子而嗣立⑪。即位之初，见国家财物繁富，遂奢侈纵肆如此。嗟乎！浚百姓之膏血以实府库⑫，而付之于凶狡淫恶之人。贻谋如此⑬，不亡何待？然则隋室丘墟，不独炀帝之罪，盖亦文帝之过也。夫人主欲为后世子孙长久之计，唯在示之以恭俭仁厚，而审于付托哉⑭！

【注释】

①此则故事出自《资治通鉴》卷第一百八十隋纪四。

②西苑：宫苑名。

③罗络：布列。

④萦纡：盘旋环绕。

⑤缘：绕着，沿着。

⑥彫落：凋谢。彫，通"凋"。

⑦渝：改变。

⑧相高：争胜。高，比高，争胜。

⑨市：为换取。

⑩文帝：隋文帝杨坚（541—604）。隋朝建立者。公元581—604年在位。弘农华阴（今属陕西）人。北周贵族杨忠之子，袭爵隋国公。女为周宣帝皇后。大象二年（580），周静帝年幼即位，他以外戚辅政，授大丞相，封隋王。次年代北周称帝，建隋朝。在位期间推行均田制、租调制，实行大索貌阅和输籍之法，增加国家税收。其统治后期国家富足，编户大增，仓储丰实。

⑪太子：此指隋文帝长子杨勇（？—604）。字睍地伐。开皇元年（581）立为太子，参决军国事。以细故受父母猜忌。文帝次子杨广与独孤后、杨素等同谋陷害。开皇二十年（600）被废为庶人。仁寿四年（604），杨广杀文帝篡位，他被赐死，追封房陵王。嗣立：谓继承君位。

⑫浚：攫取，榨取。

⑬贻谋：指父祖对子孙的训诲。

⑭审：慎重。

游幸江都 隋炀帝

　　隋史纪①：炀帝幸江都②，龙舟四重③：上重有正殿、内殿、朝堂；中二重有百二十房，皆饰以金玉；下重内侍处之。皇后乘翔螭舟，差小④。别有浮景九艘，三重皆水殿也。余数千艘，后宫、诸王、公主、百官以下乘之。共用挽士八万余人⑤，皆以锦彩为袍。卫兵所乘，又数千艘。舳舻相接⑥，二百余里。骑兵夹两岸而行。所过州县，五百里内，皆令献食。一州至百舆，极水陆珍奇。后宫厌饫⑦，多弃埋之。

遊幸江都

【解】

　　隋史上记，炀帝从水路巡幸扬州江都地方，所乘的龙舟极其高大。一舟四层：上层有正殿、内殿、朝堂，中两层有一百二十间房。这三层都用金玉妆饰。第四层是内侍所居。皇后乘的叫做翔螭舟，制度略小些，也一样华丽。别有九只船叫做浮景，一船三层。这九只船都是水殿，以象离宫别馆⑧。其余船数千只，是后宫、诸王、公主、百官以下乘的。共用扯船的夫八万余人，皆以锦彩为衣。还有护卫军士坐的船，又数千只。这许多船在江中，头尾相接，二百余里远。又有马军摆列着在两岸上，夹舟而行。所过州县，五百里内都要供献饮食。多者一州就有百车，穷极水陆珍奇品味。后宫厌饫，用不尽的，无处安顿，多弃埋之。

　　夫炀帝只为适一己之快乐，不顾百姓之困穷，为巡幸之费，一至于此。岂知民愁盗起，祸生肘腋⑨，江都之驾未回，而长安洛阳已为他人所据矣。岂非千古之鉴戒哉！

【注释】

①此则故事出自《资治通鉴》卷第一百八十隋纪四。

②江都：郡名。隋大业初改扬州为江都郡，治江都县（今江苏扬州）。

③四重：四层。重，量词。层，道。

④差（chā）小：略小。差，比较，略微。

⑤挽士：原指出殡时牵引灵柩唱挽歌的人，此指拉船的人。

⑥舳舻（zhú lú）：船头和船尾的并称。多泛指前后首尾相接的船。

⑦厌饫（yù）：吃饱，吃腻。

⑧象：象征。

⑨肘腋：胳膊肘与胳肢窝。比喻切近之地。

斜封除官 唐中宗

　　唐史纪^①：中宗委政宫闱^②，安乐、长宁公主及韦后妹郕国夫人、上官婕妤、尚容柴氏、女巫第五英儿^③，皆依势用事，卖官鬻爵。虽屠沽臧获^④，用钱三十万，则别降墨敕除官^⑤，斜封付中书。时人谓之"斜封官"。上官婕妤等皆有外第^⑥，出入无节。朝士咸出其门，交通贿赂，以求进达^⑦。

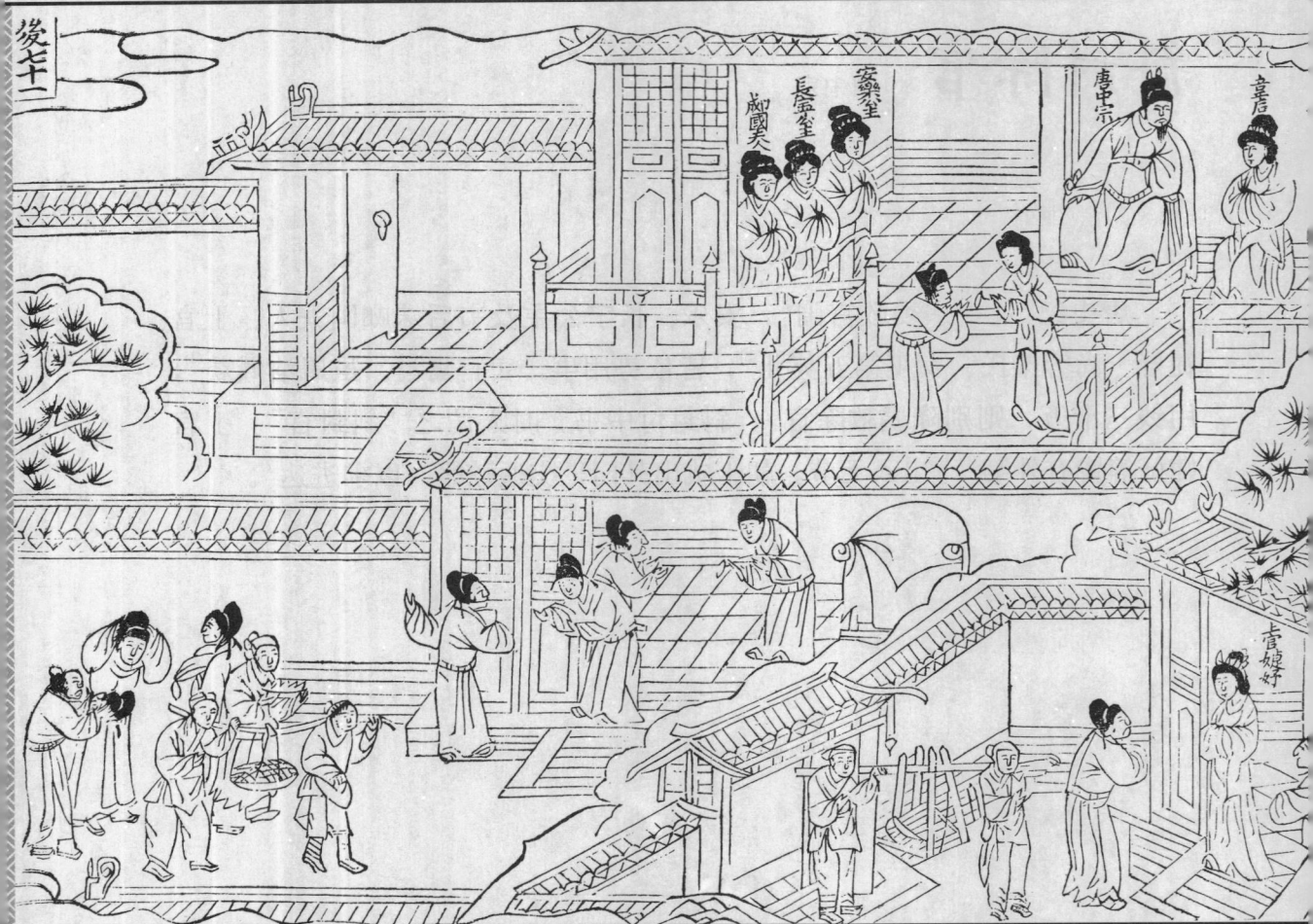

郕國夫　長安室　安樂公主　　　唐中宗　　韋后

韋婕妤

【解】

唐史上记，中宗在位，沉溺酒色，不恤国事，把朝廷政务都只委托于皇后韦氏。因此政出多门，朝纲坏乱。韦后的女安乐公主、长宁公主与其妹郕国夫人及宫人上官婕好、尚容柴氏、女巫第五英儿这几个女宠都在内用事，将国家的官爵擅自出卖。不拘甚么出身，就是那屠户、卖酒及一应下贱的人，但纳得三十万铜钱，里面就降一道敕书除授他官，斜封着付中书省发行。也不用文凭，也不由吏部。以此当时把这用贿买官的人，都叫做"斜封官"。官爵至此，冒滥极矣。又上官婕好等数人，外面都置买下私宅，有时出到私家来，有时进入宫里去，出入任意，没人敢禁止他。一时朝士，都出其门，交通贿赂，以求援引进达。风俗至此败坏极矣。

按史，中宗遭武氏之乱⑧，久罹幽辱，备尝艰阻，一旦复位，正宜总揽乾纲，励精图治可也。乃又溺爱衽席⑨，至使威福之柄，尽出宫门；爵赏之典，下逮仆隶。所谓前车既覆，而后车不以为戒者也。未几，中宗遂为韦后所毒，唐祚几于再倾。呜呼！可鉴也哉！

【注释】

①此则故事出自《资治通鉴》卷第二百九唐纪二十五。

②中宗：唐中宗李显（656—710）。公元683—684年、705—710年两度在位。高宗子，武后所生。高宗死后继承皇位，旋为皇太后武则天废为庐陵王。神龙元年（705）为张柬之等迎立复位。在位时常游宴戏乐。后被韦后和安乐公主毒死。宫闱：指后妃。

③安乐：安乐公主（684—710），唐中宗幼女。中宗为庐陵王迁房陵时韦后所生，小名裹儿。先嫁武崇训（武三思子），后嫁武延秀（武承嗣子）。中宗复位后韦后操纵朝政，她赂卖官爵，以墨敕斜封授之，号"斜封官"。曾自请为皇太女，企图继帝位。又强占民田民房，大兴工役，凿定昆池，生活奢侈。后在李隆基发动的宫廷政变中被杀。长宁公主：唐中宗女，韦后所生。中宗复位后她倚仗韦后宠爱，于长安、洛阳大造第宅，奢侈挥霍。上官婕妤（664—710）：唐代才女。陕州陕县（今属河南）人。上官仪孙女。仪被杀，襁褓中随母郑氏配入内庭。年十

四，即为武则天掌诏命。中宗时，封为昭容，掌制命。与武三思等相勾结，权势颇盛。曾建议扩大书馆，增设学士，一时词臣多集其门。中宗死后，李隆基发动政变，她和韦后同时被杀。

④臧获：古代对奴婢的贱称。

⑤墨敕：由皇帝亲笔书写，不经外廷盖印而直接下达的命令。除官：授官。

⑥外第：宫外府第。

⑦进达：谓进荐仕宦。

⑧武氏之乱：武氏即武则天，并州文水（今属山西）人，名曌。永徽六年（655）册立为唐高宗皇后。后参预朝政，与高宗并称"二圣"。弘道元年（683）中宗继位，武氏以皇太后临朝称制。次年废中宗，立睿宗。天授元年（690）降睿宗为皇嗣，自立为帝，改国号为周。她重用酷吏，诛杀唐宗室，屡兴大狱，扶植新贵。神龙元年（705），宰相张柬之等发动政变，拥中宗复位，复唐国号。

⑨衽席：借指男女色欲之事。

观灯市里 唐中宗

唐史纪[①]：中宗春正月，与韦后微行观灯于市里[②]。

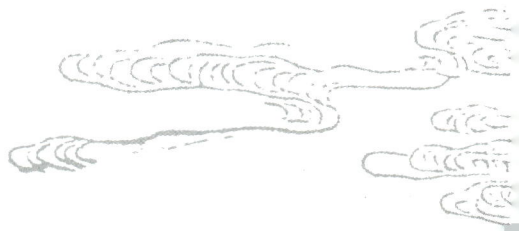

唐中宗

韋后

後古

【解】

　　唐史上记，中宗末年，委政宫闱，任情为乐。尝于正月元宵夜，与韦皇后私出宫禁，观灯于街市里巷之间。

　　夫人君以万乘之尊，居九重之上③，当勤政事，戒逸乐。况中宗遭忧患之后，乃不知戒慎，恣情极意，以天子之贵，观灯市里，混杂于庶民之贱；又且与皇后同行，尤为不可。一则失居尊之体，二则昧防变之智④，三则坏宫闱之法，四则倡淫荡之风。一举动之间，犯此四大戒，岂非万世之永鉴也哉！

【注释】

①此则故事出自《资治通鉴》卷第二百九唐纪二十五。

②韦后（？—710）：唐中宗皇后。京兆万年（今陕西西安）人。神龙元年（705）中宗复位后，她勾结武三思专擅朝政，纵容女儿安乐公主纳贿卖官，"斜封官"达数千人，并大肆建造佛寺道观。神龙三年（707）杀太子重俊。景龙四年（710）毒死中宗，立李重茂为帝（少帝），自己临朝称制，谋效武后所为。旋在临淄王李隆基与太平公主发动的政变中被杀。

③九重：指宫禁，朝廷。

④昧：丧失，埋没。

宠幸番将 唐玄宗

　　唐史纪①：玄宗以番将范阳节度使安禄山为御史大夫②。禄山体肥，腹垂过膝。外若痴直，内实狡黠。上常指其腹曰："胡儿腹中何所有？"对曰："更无余物，止有赤心耳。"上悦，容其出入禁中。上与杨贵妃同坐，禄山先拜妃。上问何故，曰："胡人先母而后父。"上益悦之。常宴勤政楼，百官列坐，特为禄山于御座东间，设金鸡障，置榻，使坐其前，仍令卷帘以示荣宠。

唐玄宗

安祿山

【解】

唐史上记，玄宗宠一个胡人，叫做安禄山。用他做范阳节度使，使掌着一镇的兵马，又加他以御史大夫之职。那安禄山身体肥大，腹垂过膝。看他外面的模样，恰似个痴蠢直遂的人③，而其心却奸狡慧黠。玄宗尝指着他的肚子问说："胡儿，你肚里有些什么，这等样大？"安禄山对说："臣腹中更无他物，止有一点报国的赤心耳。"玄宗听说，甚喜。又容他出入宫禁。一日玄宗与杨贵妃同坐，禄山进见，先拜杨贵妃，后拜玄宗。这是禄山知道玄宗宠幸杨妃，故意趋奉④，以悦其心。及至玄宗问他何故如此，他却对说："我虏人的风俗⑤，先母后父，固如此耳。"玄宗不知其诈，越发喜他。又一日在勤政楼上筵宴群臣，百官都两边侍坐。玄宗令于御座东间张一副金鸡彩障，设一个座榻，命安禄山特坐于群臣之上。还令卷起帘子使人看见，以彰其荣宠。

按史，禄山曾犯死罪。宰相张九龄谓其貌有反相⑥，劝玄宗早除之。玄宗不惟不听，反加尊宠。其后禄山果反，致令乘舆播迁⑦，中原版荡⑧，唐之天下几于沦亡。玄宗始悔之晚矣。语曰："非我族类，其心必异⑨。"岂不信哉！

【注释】

①此则故事出自《资治通鉴》卷第二百一十五唐纪
三十一。

②番：旧称少数民族或外国。范阳：郡名。唐天宝
元年（742）改幽州为范阳郡，治所蓟县（今北
京西南）。唐乾元元年（758）复为幽州。节度
使：官名。统管一道或数州，总揽军、民、财
政。其初仅于边地有之，安史之乱后遍设于国
内。安禄山（？—757）：唐代叛军。营州柳城
（今辽宁朝阳）胡人，本姓康，名轧荦山。随母
嫁突厥人安延偃，改姓安，名禄山。骁勇善战，
幽州节度使张守珪养以为子。累官平卢军兵马
使、营州都督等职。后入朝奏事，深得玄宗信
任，又请为杨贵妃养子，得兼任平卢、范阳、
河东三节度使。天宝十四载（755）在范阳起兵
叛乱，南下攻陷东都洛阳。次年称雄武皇帝，
国号燕，年号圣武。攻陷京师长安，大肆杀掠。
至德二载（757）为子庆绪所杀。

③直遂：谓耿直。

④趋奉：奉承，讨好。

⑤虏人：对北方少数民族的蔑称。

⑥张九龄（673—740）：唐代宰相。韶州曲江（今
广东韶关）人，字子寿，一名博物。开元二十一
年（733）升任宰相。次年改任中书令，兼修国
史。直言敢谏，选贤任能，不徇私枉法。后为
李林甫排挤罢相。

⑦乘舆播迁：谓天子流亡在外。乘舆，古代天子所
乘坐的车子。代指皇帝。播迁，迁徙，流离。

⑧版荡：《诗·大雅》有《板》《荡》两篇，皆刺周
厉王暴虐无道，而致天下不宁。后因以"版荡"
指动乱不安。版，同"板"。

⑨非我族类，其心必异：语出《左传·成公四年》。

敛财侈费　唐玄宗

　　唐史纪[①]：玄宗在位久，用度日侈，常赋不足以供[②]。于是江淮租庸使韦坚、户部郎中王铢[③]，竞为聚敛以悦上意。韦坚引浐水为潭[④]，以聚江淮运船。上幸望春楼观之。坚以新船数百艘，载四方珍货。陕城尉崔成甫，着锦半臂、绿衫、红袙首[⑤]，居前船唱《得宝歌》；使美妇百人，盛饰而和之。上喜，为之置宴，竟日而罢[⑥]。铢于岁贡额外[⑦]，进钱帛百亿万，另贮于内库，以供宫中赏赐。上以国用丰衍，故视金帛如粪壤，赏赐无极。海内骚然[⑧]。

【解】

唐史记，玄宗初年，惜财俭用。及在位日久，荒淫无度，费用日侈，年例钱粮不够使用。于是江淮租庸使韦坚、户部郎中王铄窥见朝廷上用财紧急，争去科敛民财，取悦于上。一日各处转运船只都到了京城，韦坚要显他的才干，遂引浐水为潭，把江淮一带的运船都会集潭内，请玄宗亲御望春楼观看。又把新船数百只，装载着四方的珍宝货物，叫陕城县的一个县尉名崔成甫，身穿着锦半臂、绿衫，头上裹着红袙，在前面船上唱《得宝歌》，使美妇女百十人，浓妆盛饰，齐声唱而和之。玄宗见了大喜，就在望春楼上摆设筵宴，尽日而罢。王铄又于年例之外，进献钱帛至百亿万，另收在内库里，专供应宫中赏赐。玄宗不知韦坚、王铄原是剥削百姓的骨髓以供上用，只说天下钱财这等丰富，用之不尽，把金帛看的如粪土一般，赏赐无有纪极。自是民不聊生，而海内骚然变乱矣。

夫天地生财，只有此数。在官者多，则在民者寡矣。自古奸臣要迎合上意，往往倡为生财之说，其实只是设法巧取民财，横征暴敛。由是杼柚空虚⑨，闾阎萧索⑩，以至民穷盗起，瓦解土崩。虽有善者，亦无如之何矣。玄宗初年，焚锦销金，崇尚俭德。开元之治，庶几三代⑪。及在位日久，侈念一生，奸邪承之，聚财纵欲，遂成安史之乱。由此观之，治乱兴亡之判，只在一念奢俭之间而已。可不戒哉！可不畏哉！

安）最近，故很多历史事件都发生于浐水附近。

⑤红袙（pà）首：红头巾。袙，束发头巾。

⑥竟日：终日，整天。

⑦岁贡：古代诸侯或属国每年向朝廷进献礼品。

⑧骚然：扰乱貌，动荡不安貌。

⑨杼柚（zhù zhú）空虚：形容生产废弛，贫无所有。杼柚，织布机上的两个部件，即用来持纬（横线）的梭子和用来承经（直线）的筘。亦代指织机。

⑩闾阎：里巷内外的门。后多借指里巷。

⑪庶几：差不多，近似。

【注释】

①此则故事出自《资治通鉴》卷第二百一十五唐纪三十一。

②常赋：固定的赋税。

③租庸使：官名。为外出征缴租庸地税之特使。韦坚（？—746）：唐朝官吏。京兆万年（今陕西西安）人，字子全。开元二十五年（737）为长安令，以干练闻名。天宝元年（742）擢为陕郡太守，领江淮租庸转运使。引浐水开广运潭，以通漕运，历二年而成。户部郎中：官名。为户部司长官，掌天下户口、赋役之政令。唐初为民部郎中，贞观末改称户部郎中。王𫓧（？—752）：唐代大臣。太原祁（今山西祁县）人。天宝初拜御史中丞，京畿关内采访黜陟使。时李林甫方怙权用事，兴大狱，欲动摇太子，与王𫓧勾结。王𫓧厚敛剥下，岁进钱宝百万亿以供上用，深得玄宗欢心，威权日盛，一身兼二十余职。朝廷上下皆畏其势。王𫓧则奢侈享乐，贿赂公行。后因参与逆谋，赐自尽。

④浐水：水名。一作产水。即今陕西灞河支流浐河，号为长安八川之一。由于该水距长安（今陕西西

便殿击球 唐敬宗

　　唐史纪[①]：敬宗初即位即游戏无度[②]，幸内殿击球、奏乐。赏赐左右乐人，不可胜纪[③]。又召募力士，昼夜不离侧。好自捕狐狸。视朝月不再三，大臣罕得进见。

唐敬宗

劉克明

【解】

唐史上记，敬宗初即帝位，那时他先帝梓宫还在殡④，通不知哀思，只好游戏，没些樽节⑤。常幸各内殿，与宦官刘克明等打球⑥，又命乐工奏乐、鼓吹、喧闹，全无居丧之礼⑦。赏赐那左右近侍及乐工，泛滥不可尽记。又把钱去雇募有力的人，跟随左右，日夜不离。好自家去捕捉狐狸以为戏乐。每月视朝还没有三次。大臣不得进见，政事都荒废了。其后竟遭弑逆之祸。

看史上载敬宗所行，也有几件好事。本是个聪明之主，只为幼年不曾学问，被群小引诱⑧，遂至于此。可悲也哉！

【注释】

①此则故事出自《资治通鉴》卷第二百四十三唐纪五十九。

②敬宗：唐敬宗李湛（809—827）。唐代皇帝。公元824—827年在位。穆宗子。初封景王。长庆四年（824）即位于枢前。即位后亲近群小，游戏无度。好击毬、手搏，怠于政事。大臣罕得进见，致使朝政混乱。终为宦官刘克明等所杀。游戏：游乐嬉戏，玩耍。

③不可胜纪：不能逐一记述。极言其多。胜，尽。纪，通"记"。记载，记录。

④梓宫：皇帝、皇后的棺材。在殡：正在停枢之意。

⑤樽（zūn）节：抑制，节制。樽，通"撙"。

⑥刘克明：唐朝中后期宦官。敬宗时得宠。宝历二年（826）杀敬宗，立绛王为帝。

⑦居丧之礼：守孝期间应遵守的礼节。居丧，犹守孝。处在直系尊亲的丧期中。

⑧群小：众小人。

宠幸伶人 后唐庄宗

　　五代史纪①：后唐庄宗幼善音律②，故伶人多有宠③，常侍左右。庄宗或时自傅粉墨④，与优人共戏于庭⑤，以悦刘夫人。优人常名之曰"李天下"。诸伶出入宫掖，侮弄缙绅。庄宗信其谗，疏忌宿将⑥，诸将叛之。庄宗为乱兵所弑，侍臣敛庑下乐器⑦，聚其尸而焚之。

劉天

唐莊宗

【解】

　　五代史上记，后唐庄宗自小时就精通音律，因此教坊乐工多得宠幸，常随侍左右。那时宫中刘夫人有宠，庄宗有时自家涂抹粉墨，妆扮乐工的模样，与众乐工共戏于庭前，以悦刘夫人，使他欢笑。其无耻如此。诸乐工每倚恃庄宗宠爱，通不知上下之分，只叫庄宗做"李天下"。因而出入宫禁，侮弄缙绅士大夫，无些忌惮。又谗谮诸有功大将。庄宗听信其言，渐渐疏忌诸将。所以群臣愤嫉于内，诸将怨惧于外，共奉李嗣源以叛⑧。庄宗中流矢而殂⑨。侍臣取廊下陈设的乐器，堆在庄宗尸上，举火焚之。

　　庄宗平生好音乐、宠优伶，及其死也，与乐器俱焚，所谓"君以此始，必以此终"者也。夫庄宗初年，艰难百战以取天下，是何等英武！一旦天下已定，志满气骄，遂致身弑国亡，贻笑千古。兴亡之机，可畏也哉！

【注释】

①此则故事出自《资治通鉴》卷第二百七十二后唐纪一。

②后唐庄宗（885—926）：名存勖。后唐开国皇帝。923—926年在位。沙陀族，李克用长子。同光元年（923）灭后梁称帝，国号唐，史称后唐。在位后期疑忌大臣，亲信宦官，尤宠伶人。后为伶人郭从谦发动兵变杀害。

③伶人：古代乐人之称。

④粉墨：演员化妆用的白粉与黑墨。

⑤优人：古代以乐舞、戏谑为业的艺人。

⑥宿将：久经战阵的将领。

⑦庑下：堂下周围的走廊、廊屋、厢房。

⑧李嗣源（867—933）：即后唐明宗。公元926—933年在位。沙陀族人。本名邈佶烈。为李克用养子。以作战骁勇，时称"李横冲"。后唐时，因战功官至蕃汉内外马步军总管。同光四年（926）奉命讨伐魏州兵变，被变兵拥戴为主。时庄宗在洛阳兵变中被杀，他举兵入洛阳，称监国，旋称帝。

⑨殂（cú）：死亡。

上清道会　宋徽宗

　　宋史纪①：徽宗幸上清宝箓宫，设千道会，且令士庶入听林灵素讲经②。帝为设幄其侧，灵素据高座，使人于下再拜请问。然所言无殊绝者，时时杂以滑稽媟语③。上下为大哄笑，无复君臣之礼。又令吏民诣宫，授神霄秘箓。道箓院上章，册帝为教主道君皇帝。

宋徽宗

【解】

宋史上记，徽宗崇尚道教，曾替道士林灵素盖一座宫，叫做上清宝箓宫。徽宗每临幸其地，便设大斋醮④。但来的，既与斋饭，又与衬施钱三百⑤，叫做千道会。且令士民都入宫，听林灵素讲道经。徽宗设御幄于其旁，着灵素在正面坐着高座，使人于下再拜请问。灵素所讲的却只寻常，无奇异处，时或杂以诙谐亵狎的言语。上下哄然大笑，无复君臣严肃之礼。又令官民人等，都到这宝箓宫里传授他神霄秘箓。盖假神其术，言受此箓可获再生富贵也。道箓院官因上表章，册号徽宗做"教主道君皇帝"。

夫徽宗为亿兆之君师，乃弃正从邪，屈体于异流⑥，猥杂于凡庶，甚至亲受道号，甘为矫诬。自昔人主溺于道教，至此极矣。卒有北狩之祸⑦，身死五国城⑧。彼所谓"三清天尊"者⑨，何不一救之欤！

【注释】

①此则故事出自《宋史纪事本末》卷五十一《道教之崇》。

②林灵素：北宋道士。温州（今属浙江）人，字通叟。徽宗崇道教，遂以方术取幸。

③媟（xiè）语：轻薄或淫秽的言词。

④斋醮（jiào）：请僧道设斋坛，祈祷神佛。

⑤衬施钱：施舍给僧道的钱物。

⑥异流：异教流辈。此指道人。

⑦北狩之祸：北狩，皇帝被掳到北方去的婉词。宋钦宗靖康元年（1126），金军攻入北宋都城东京（今河南开封）。次年，金兵将宋徽宗、宋钦宗父子及众多嫔妃、宫人、大臣以及大批物资掳到北方，北宋灭亡。

⑧五国城：古地名。亦称五国头城。宋徽宗被金兵所俘，囚死于此。所在地说法不一：一说在今黑龙江依兰一带，一说在今黑龙江宁安东北，一说在今吉林扶余境。

⑨三清天尊：道教对玉清境洞真教主元始天尊、上清境洞玄教主灵宝天尊、太清境洞神教主道德天尊的合称。

应奉花石 宋徽宗

　　宋史纪[1]：徽宗性好花石，朱冲密取浙中珍异以进。帝嘉之，岁岁增盛，舳舻相衔于淮、汴[2]，号"花石纲"。又置应奉局于苏州，命冲子勔总其事[3]。于是搜岩剔薮，幽隐不遗。凡士庶之家，一石一木稍堪玩者，即领健卒入其家[4]，用黄帕覆之[5]，指为御物。及发行，必撤屋抉墙以出。剧山辇石[6]，程督惨刻[7]。虽在江湖不测之渊，百计取之，必得乃止。民预是役者[8]，多破产或卖子女以供其须。

【解】

宋史上记，徽宗性喜花石。苏州有个人叫做朱冲，闻知朝廷要花石，就密求浙江地方奇异的花石进献。徽宗喜他，因此年年加添，所贡渐盛。淮、汴二河中，都是载运花石的船只，络绎不绝，首尾相接，叫做"花石纲"。又置个应奉局在苏州，命朱冲的儿子朱勔总领其事。朱勔既奉朝命，专以购求花石为事。岩穴薮泽之中，通去搜索一遍；虽幽深隐僻去处，也无不到。凡士庶人家里有一块石、一柯树，稍稍可玩的，朱勔就领健卒数十人直入其家，用黄帊子遮盖了，就指说此是朝廷御用之物，着他看守。及发行时，必撤开房屋，抉破墙壁以出。如山上有奇石，就令人凿山以取之，用车搬运。催督工程，极其惨刻。虽生于江湖不测之渊，他也千方百计以取之，务要得了才止。百姓每为这差使重累⑨，多破荡家产，又有鬻卖子女以供其费者。

夫花石之玩，何益于事？而徽宗乃好之不已，至于上耗国用，下竭民力，曾不知恤，

遂使邦本动摇，强虏内犯，身死沙漠，家族播迁。岂不愚哉！

【注释】

①此则故事出自宋方勺撰《青溪寇轨》。
②淮、汴：淮河和汴河。淮河，古称淮水。源出河南桐柏山，东流经河南、安徽等省，至江苏入洪泽湖。汴河，古称汴水，为泗水支流之一。
③勔（miǎn）：朱勔（1075—1126），北宋官吏。苏州（今属江苏）人。媚事蔡京而得官。投徽宗花石之好，取奇石异卉进献。政和中置应奉局于苏州，搜夺花石水运至京师，号"花石纲"。东南州郡长吏多出其门，鱼肉人民，时谓东南小朝廷。肆虐二十年，为"六贼"之一。
④健卒：健壮的军卒。
⑤帊（pà）：布三幅之称。布单。
⑥抉（zhǔ）：斫，砍削。
⑦程督：对于法定赋税、工程劳役、学课等的监督。惨刻：凶狠刻毒。
⑧预：关涉，牵连。
⑨重累：沉重的累赘。

任用六贼 宋徽宗

　　宋史纪①：徽宗在位，承平日久②，帑庾盈溢③。蔡京为相④，始倡为"丰亨豫大"之说⑤，劝上以太平为娱。上尝大宴，出玉盏玉卮以示辅臣曰⑥："此器似太华。"京曰："陛下当享天下之奉，区区玉器，何足计哉！"上曰："先帝作一小台，言者甚众。"京曰："事苟当理，人言不足畏也。"由是上心日侈，谏者俱不听。京又求羡财以助供费⑦，广宫室以备游幸，兴延福宫、景龙江、艮岳等工役。海内骚然思乱，而京宠愈固，权震海内。是时梁师成、李彦以聚敛幸⑧，朱勔以花石幸，王黼、童贯以开边幸⑨，而京为之首，天下号为"六贼"。终致靖康之祸⑩。

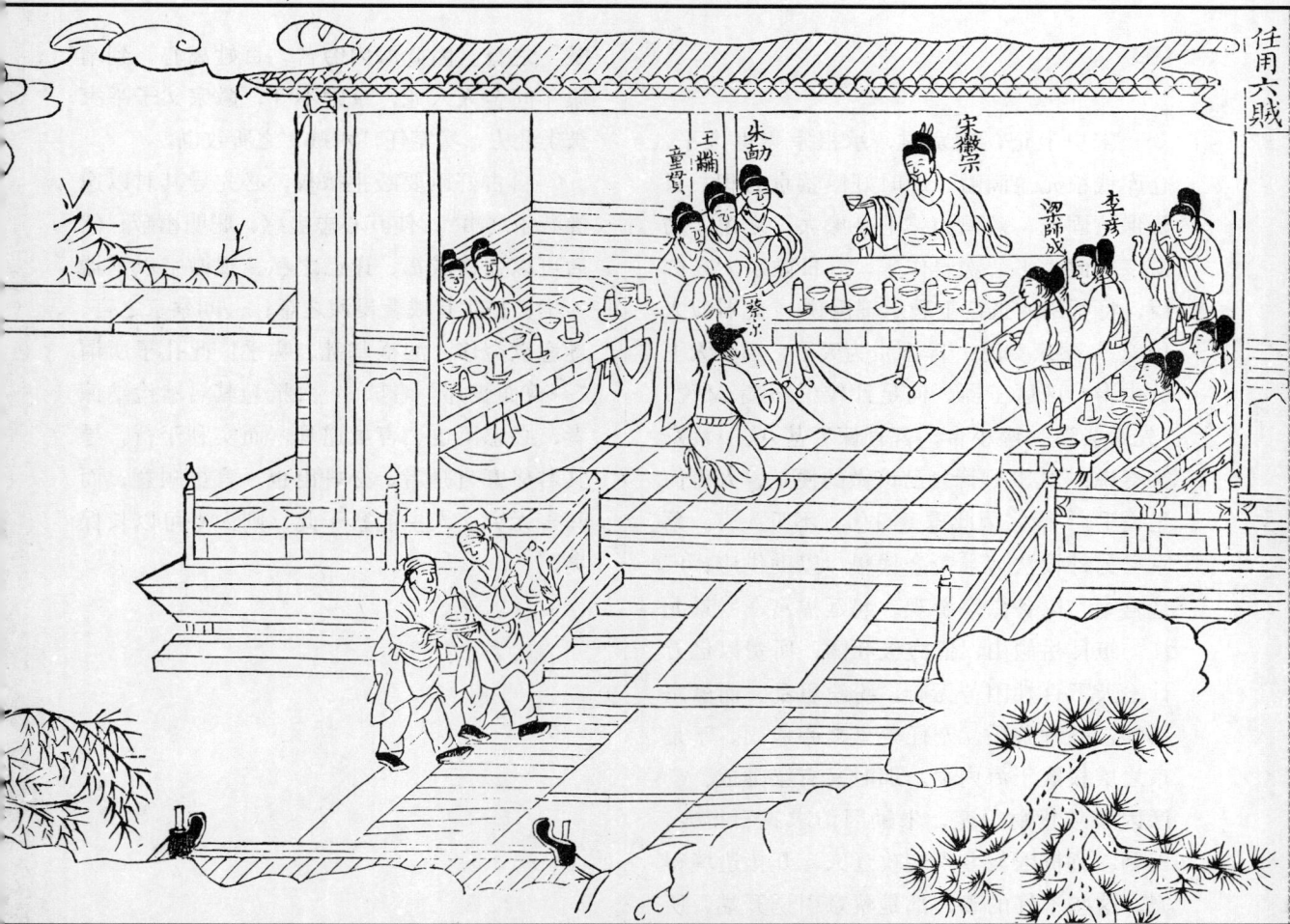

任用六賊

宋徽宗
王黼 朱勔 李彥
童貫 梁師成
蔡京

【解】

　　宋史上记，徽宗时，承祖宗累世太平，仓库钱粮充盈满溢。那时奸臣蔡京为相，只要保位固宠，乃倡为"丰亨豫大"之说，劝徽宗趁此太平，欢娱作乐。一日徽宗大宴群臣，将所用的玉盏玉卮示辅臣说："此器似太华美。"蔡京奏说："陛下贵为天子，当享天下的供奉，区区玉器，何足计较！"徽宗又说："先帝尝造一座小台，言官谏者甚众。"蔡京又奏说："凡事只管自己该做的便是，人言何足畏乎！"徽宗因此志意日侈，不听人言。蔡京又另外设法搜求羡余钱粮，以助供应；广造宫室，以备徽宗游观。起延福宫，凿景龙江，筑艮岳假山，皆穷极壮丽，所费以亿万计。天下百姓困苦无聊，纷纷思乱。而徽宗不知，恣意游乐，宠任蔡京之心愈固。于是京之威权震于海内矣。那时又有梁师成、李彦因聚敛货财得宠，朱勔因访求花石得宠，王黼、童贯因与金人夹攻辽人、开拓边境得宠。这些不好的事，都是蔡京引诱开端，所以天下叫这六个人做"六贼"，而蔡京实"六贼"之首。因此海内穷苦，百姓离心。到靖康年间金人入寇，京师不守，徽宗父子举家被虏北去，实宠任"六贼"之所致也。

　　自古奸臣要蔽主擅权，必先导其君以逸豫游乐之事①，使其心志蛊惑，聪明壅蔽，然后可以盗窃威福，遂己之私。观徽宗以玉器为华，是犹有戒奢畏谏之意；一闻蔡京之言，遂恣欲穷侈，酿祸基乱。嗟乎！此孔子所谓"一言而丧邦"者欤⑫？大抵勉其君恭俭纳谏者，必忠臣也。言虽逆耳，而实利于行。导其君侈靡自是者，必奸臣也。言虽顺意，而其害无穷。人主能察于此，则太平可以长保矣。

【注释】

①此则故事出自《宋史·奸臣列传》。

②承平：治平相承，太平。

③帑庾：储藏钱财、粮食的仓库。

④蔡京（1047—1126）：北宋宰相。兴化军仙游（今属福建）人，字元长。熙宁进士。徽宗时任太师，创"丰亨豫大"之说，大兴土木，工役繁重，天下指为"六贼"之首。

⑤"丰亨豫大"之说：《易·丰》："丰亨。王假之。"又《豫》："圣人以顺动，则刑罚清而民服，豫之事义大矣哉。"本谓富饶安乐的太平景象。后多指好大喜功，奢侈挥霍。

⑥玉盏玉卮：玉制的酒杯。

⑦羡财：多余的钱财。羡，超过。

⑧梁师成（？—1126）：北宋末奸臣。开封（今属河南）人，字守道。得徽宗宠用，官至太尉、开府仪同三司。卖官鬻爵，广植亲信，与王黼及蔡京父子相勾结，都人目为"隐相"。为"六贼"之一。李彦（？—1126）：北宋末宦官。置局汝州，搜刮民间良田为"公田"。连年征用劳力、耕畜，运送供奉物资，运输途中农民饿死自杀者甚多。为"六贼"之一。

⑨王黼（1079—1126）：北宋宰相。开封祥符（今属河南）人，本名甫，字将明，徽宗赐改今名。崇宁进士。先助蔡京复相，迁御史中丞，勾结梁师成弄权；后代京执政。赞同联金图燕，搜刮代役钱六千余万缗，购得燕京几座空城，侈称恢复之功。"六贼"之一。童贯（1054—1126）：北宋末宦官。开封（今属河南）人，字道夫。初任供奉官，在杭州为徽宗收集书画奇巧，与蔡京相勾结。后监西北边军，领枢密院事，掌兵权几二十年，权倾一时。时称蔡京为公相，他为"媪相"。首倡联金灭辽之议。攻辽失败，密使金兵取燕京（今北京），又以岁币赂金换取燕京等空城，侈言恢复之功。"六贼"之一。开边：谓用勇力开拓疆土。

⑩靖康之祸：宋钦宗靖康元年（1126），金军攻入北宋都城东京（今河南开封）。次年，金兵将宋徽宗、宋钦宗父子众多嫔妃、宫人、大臣以及大批物资掳到北方，北宋灭亡。

⑪逸豫：犹安乐。

⑫一言而丧邦：语出《论语·子路》。意思是一句话使得国家灭亡。

述语

右恶可为戒者三十六事。自古人君覆亡之辙，大略不出乎此矣。谚曰："前人踬[1]，后人戒。"然世主皆相寻而不改[2]。彼下愚不移，固无足怪。至如晋武、唐玄、庄宗之流，皆英明雄武；又亲见前代败亡之祸，或间关险阻，百战以取天下。及其志得意盈，迷心鸩毒[3]，遂至一败涂地，不可收拾。其视中材守成之主，反不逮焉。《书》曰："惟圣罔念作狂[4]。"成败得失之机，可畏也哉！

【注释】

①前人踬（zhì），后人戒：前面的人被绊倒，后面的人就得注意。比喻前人的失败，后人应吸取经验教训。踬，跌倒，绊倒。

②相寻：相继，接连不断。

③鸩毒：毒酒，毒药。《左传·闵公元年》："宴安鸩毒，不可怀也。"意思是宴安自逸就像鸩毒一样，不可怀恋。

④惟圣罔念作狂：语出《尚书·多方》。意为圣人如不思为善则为狂人。罔念，谓不思为善。

【译文】

以上是可以引为鉴戒的三十六件恶事。自古以来人君败亡的轨迹，大致不出乎这些事例。谚语说："前人踬，后人戒。"然而后世人君都相继如此而不改。这些君主因极其愚蠢而不改变，固然不值得奇怪。至于像晋武帝、唐玄宗、后唐庄宗之流，他们都英明雄武，又亲眼见过前代的败亡之祸，有的是踏平险阻、身经百战而取得天下。但等他志得意满、被犹如鸩毒般的逸乐所迷惑住，就一败涂地，不可收拾了。相比之下，他们反而不及那些中等才能的守成之主了。《书》说："惟圣罔念作狂。"成败得失的关键，可怕啊！

臣等尝伏读我太祖高皇帝《实录》，与侍臣论及古来女宠、宦寺、外戚、权臣、藩镇、夷狄之祸[1]。侍臣曰："自古叔季之君[2]，至于失天下者，常在于此。"高皇帝曰："朕究观往古，深用为戒，然制之有道。若不惑于声色，严宫闱之禁，贵贱有体，恩不掩义，则女宠之祸，何自而生？厚其恩赉，不任以事，苟干政典③，裁以至公，则外戚之祸，何由而作？宦寺便习④，供给使令，不假以兵柄，则无宦寺之祸。不设丞相，六卿分治⑤，使上下相维，大小相制，防耳目之壅蔽，谨威福之下移⑥，则无权臣之患。藩镇之设⑦，本以卫民。使财归有司，兵必合符而调，岂有跋扈之忧？修武备，谨边防，来则御之，去不穷追，则无夷狄之虞。"渊哉睿谟⑧，诚万世圣子神孙所当遵守而弗失者也。至于端本澄源，正心修身，以销衅孽于未萌⑨，杜间隙于无迹者，则又备在《宝训》及御制诸书⑩。伏惟圣明留意焉⑪，臣等不胜幸愿⑫！

【注释】

①宦寺：即宦官。宦官古称寺人，故云宦寺。

②叔季之君：末世君主。叔季，没落，末世。

③政典：指政策和制度。

④便（pián）习：君主左右受宠幸者。

⑤六卿：隋唐后用以称吏、户、礼、兵、刑、工六部尚书。分治：分别治理。

⑥威福：语出《尚书·洪范》："惟辟作福，惟辟作威。"孔颖达疏："惟君作福得专赏人也，惟君作威得专罚人也。"此指统治者的赏罚之权。

⑦藩镇之设：唐代初年在重要各州设都督府，睿宗时设节度大使，玄宗时又在边境设置十节度使，通称"藩镇"。各藩镇掌管一个地区的军政，后来权力逐渐扩大，兼管民政、财政，掌握全部军政大权，形成地方割据，常与朝廷对抗。

⑧睿谟：皇帝圣明的谋略。

⑨衅孽：祸害。

⑩《宝训》：即《皇明宝训》。明代官修正史，辑录明代历朝皇帝的言论诏谕。

⑪圣明：皇帝的代称。

⑫不胜：非常，十分。幸愿：希望。

【译文】

　　臣等曾拜读我朝太祖高皇帝的《实录》，其中记载了太祖同侍臣谈及自古以来的女宠、宦官、外戚、权臣、藩镇及夷狄之祸。侍臣说："自古以来的末世君主，竟至失去天下的原因，常常是因为这些。"高皇帝说："我仔细考察过从前的这些事迹，深以为戒，然而还

是有办法杜绝的。如果不被声色所迷惑，严
格禁止后妃干政，贵贱有别，施恩而不掩盖
道义，那么女宠之祸怎么产生呢？重加赏赐
而不给他们任以职事，如果违反了法规就以
最公正的方式加以裁决，那么外戚之祸怎么
产生呢？宦官近臣只供给差遣而不给他们兵
权，就没有宦寺之祸。不设丞相而让六卿分
别治理相关政务，使得上下相互维系、大小
相互制约，防止耳目被蒙蔽，警惕权势下移，
就没有权臣之祸。藩镇的设立，本来是为了
保卫百姓。将财权归有司所有，调兵一定要
兵符相合，怎会有藩镇跋扈的忧患？修整军
备，严守边防，来犯则加以抵御，逃跑了也
不穷追不舍，就没有夷狄的祸患。"高皇帝这
圣明的谋略，诚然是万世圣子神孙应当遵守
而不可丧失的。至于正本清源、正心修身，
以消灭祸害于未萌芽状态，不着痕迹地堵上
漏洞，这些在《宝训》以及御制诸书中都详
细地记载了。希望圣明加以留意，臣等不胜
渴望！